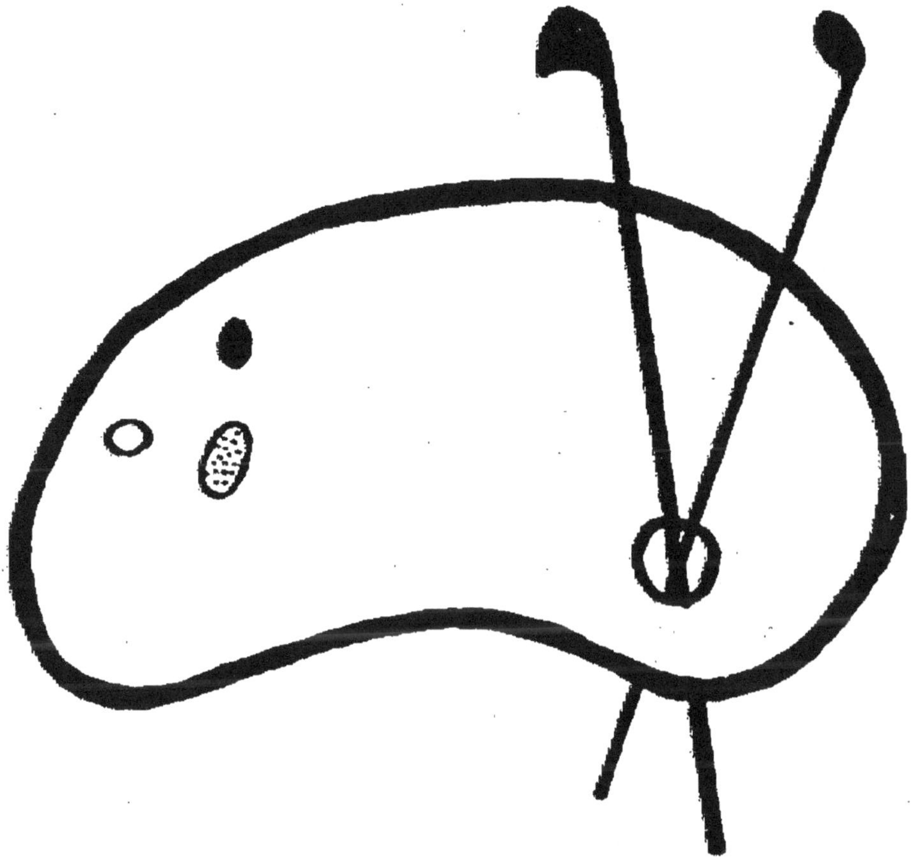

DEBUT D'UNE SERIE DE DOCUMENTS
EN COULEUR

UN MOT D'HISTOIRE

SUR

L'ALSACE ET STRASBOURG

496-1681, 1789, 1870-1884

PAR

E D M O N D   O T T

Invia virtuti nulla est via

PRIX : UN FRANC

PARIS

BERGER-LEVRAULT ET Cie, LIBRAIRES-ÉDITEURS

5, rue des Beaux-Arts, 5

MÊME MAISON A NANCY

1884

Tous droits réservés

BERGER-LEVRAULT ET Cⁱᵉ, LIBRAIRES-ÉDITEURS

Publications alsatiques.

L'Alsace française. Strasbourg pendant la Révolution, par Eug. SEIN-GUERLET, 1881 ; 1 beau volume in-8°, broché . . . . 6 fr.

Correspondance politique adressée au magistrat de Strasbourg par ses agents à Metz (1594 à 1683), tirée des Archives municipales de la ville de Strasbourg, avec notes explicatives et table, publiée pour la première fois par E. DE BOUTEILLER et Eug. HEPP, 1882 ; un beau vol. de 482 pages in-8° raisin, titre rouge et noir, broché. 10 fr.

Le 30 septembre 1681. Étude sur la réunion de Strasbourg à la France, par Armand WEISS, 1881, gr. in-8°, avec 1 figure, broché. . 3 fr.

Les Schweighæuser, biographie d'une famille de savants alsaciens, d'après leur correspondance inédite, par Ch. RABANY, 1884 ; un volume in-8°, avec 4 portraits ; titre rouge et noir, br. 3 fr. 50 c.

Guerre de 1870. — Journal d'un habitant de Colmar (juillet à novembre 1870), suivi du cahier de Mᵐᵉ H.... pendant le mois de janvier 1871 et d'autres annexes, par Julien SÉE, 1884. Vol. in-8°, orné de trois croquis de M. Aug. Bartholdi, et d'un dessin original de M. Em. Perboyre, broché . . . . 7 fr. 50 c.

L'Entrée des Badois à Colmar, le 14 septembre 1870, par F. DOLLGO, 1884 ; gr. in-8° . . . . 1 fr. 25 c.

Souvenirs d'Alsace. Chasse. Pêche. Industries. Légendes, par Maurice ENGELHARD. 2ᵉ édition, 1883 ; joli volume in-12, caractères elzéviriens, titre rouge et noir, broché . . . . 3 fr.

Les Chants du Pays (Alsace), par Charles et Paul LEHER, 3ᵉ édition, 1883 ; joli vol. in-12 broché . . . . 1 fr. 50 c.

L'Ancienne Alsace à table. Étude historique et archéologique sur l'alimentation, les mœurs et les usages épulaires de l'ancienne province d'Alsace, par Charles GÉRARD, avocat à la Cour d'appel de Nancy. 2ᵉ édition, 1877 ; 1 très beau vol. gr. in-8°, caractères elzéviriens, avec têtes de chapitres, lettres ornées et culs-de-lampe, titre rouge et noir, papier vélin, broché . . . . 8 fr.

Le Conseil souverain d'Alsace, par DE NEYREMAND père, 1882 ; gr. in-8°, broché . . . . 1 fr. 25 c.

Hans, fantaisie allégorique pour tous les âges, racontée à son petit neveu, par G. JUNDT, album de 30 compositions avec texte. 1883. In-4°, titre rouge et noir, reliure percale, plaque spéciale gaufrée or . . . . 7 fr. 50 c.

Les Bûcherons et les Schlitteurs des Vosges. Quarante-trois dessins originaux sur pierre, par Théophile SCHULER. Texte par Alfred MICHIELS. Album gr. in-4°, cartonnage Bradel, avec couverture lithographiée . . . . 12 fr.

Nancy, Imp. Berger-Levrault et Cⁱᵉ.

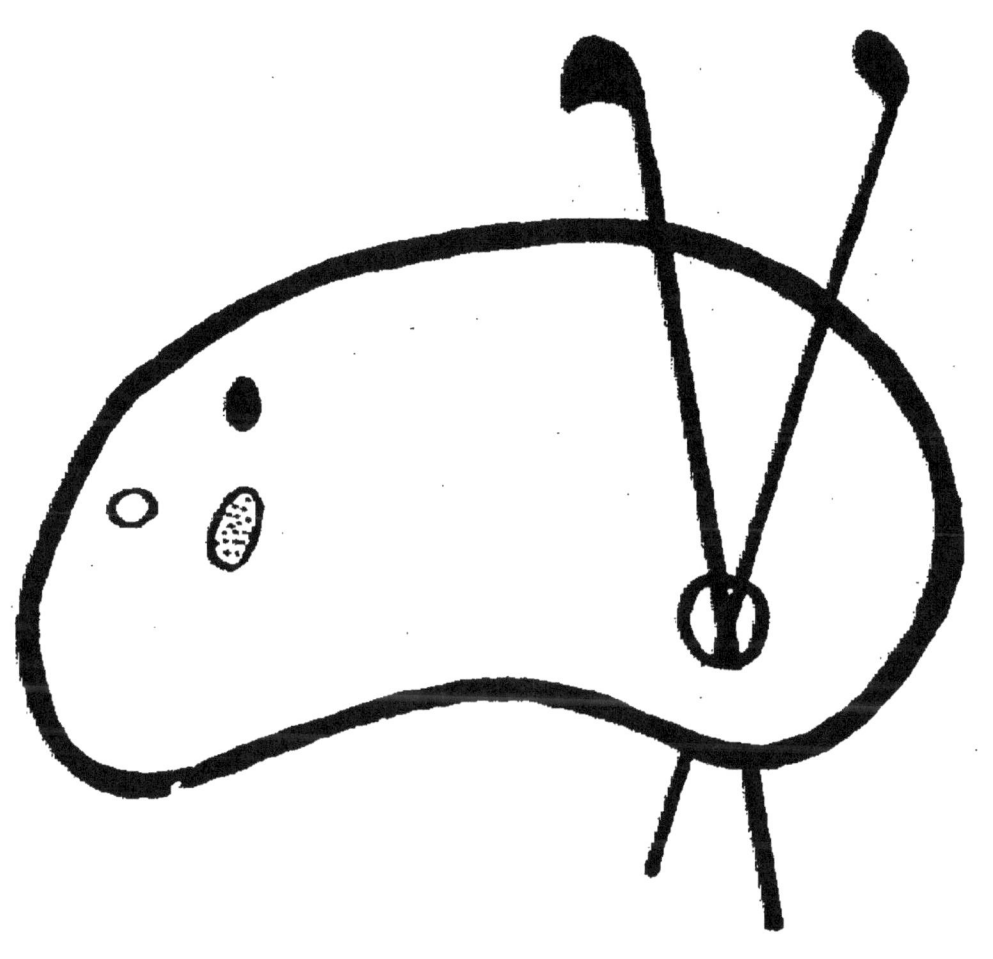

FIN D'UNE SERIE DE DOCUMENTS
EN COULEUR

UN MOT D'HISTOIRE

SUR

L'ALSACE ET STRASBOURG

DU MÊME AUTEUR

Six mois de séjour dans la province de Frosinone (États Pontificaux). — Rome, 1862.
Les Impôts en France. — 1870.
De la Vigne en Algérie. — 1880.
Étude sur la Colonisation de l'Algérie. — 1880.

UN MOT D'HISTOIRE
SUR
L'ALSACE ET STRASBOURG

496-1681, 1789, 1870-1884

PAR

EDMOND OTT

Invia virtuti nulla est via

PARIS

BERGER-LEVRAULT ET Cie, LIBRAIRES-ÉDITEURS

5, rue des Beaux-Arts, 5

MÊME MAISON A NANCY

1884

Tous droits réservés.

PRÉFACE

Ayant, depuis 1881, pour me rendre soit dans l'Autriche, soit dans la Haute-Franconie (où des intérêts majeurs m'appelaient), fait huit voyages à travers ces contrées, j'ai été très frappé des opinions émises couramment (soit en chemin de fer, soit à table d'hôte, soit dans les lieux publics) sur Strasbourg et sur l'Alsace.

J'entendais partout les Allemands dire : « L'Alsace est une province qui sort de notre sang, qui est de notre chair, que nous avons délivrée du joug français et nous espérons que bientôt nul ne s'y souviendra plus de la France.... Quant à Strasbourg, c'est une ville allemande et qui restera désormais telle !... »

J'ai voulu acquérir une certitude absolue de ce que je considérais comme une fiction de leur part; j'ai donc feuilleté maintes histoires, j'ai lu maints ouvrages, j'ai parcouru Piton (*Strasbourg illustré*); — Eugène Müntz (*les Artistes Alsaciens contemporains* dans la *Revue d'Alsace*); — Lereboullet (*l'Alsace française* dans la *Nouvelle Revue*); —

Ch. Bœrsch (*Revue d'Alsace*); — Ch. Gérard (*l'Ancienne Alsace à table*); — Boyer (*Un Mot sur l'ancienne Alsace, Revue d'Alsace*); — Aufschlager (*l'Alsace*); — Grandidier (*Histoire de l'Église et des évêques de Strasbourg*); — Victor Tissot, etc... Enfin j'ai, en maintes circonstances, longuement causé, à Strasbourg notamment, avec différents vieillards très connus, très estimés, et qui m'ont donné des renseignements curieux que j'ai cru devoir relater dans ces notes [1].

Ma conviction absolue est que c'est étrangement dénaturer la vérité, c'est singulièrement vouloir faire prévaloir le mensonge que de prétendre (comme disent MM. les Prussiens) que : « *Somme toute, l'Alsace et la Lorraine reviennent de droit à l'Allemagne, ces contrées ayant de tout temps appartenu à cette nation.* »

Voici l'histoire qui vient ici donner à cette allégation de mauvaise foi un démenti éclatant.

Il n'y a pas, dans toute la France, une province plus française de sentiments que ne l'est l'Alsace.

---

1. Les archives de la ville de Strasbourg sont conservées à l'hôtel de ville et forment un dépôt de titres des plus précieux, contenant les documents des différentes magistratures ayant gouverné la ville jusqu'en 1870; les franchises données à cette ville par les empereurs d'Allemagne; les rapports ayant existé entre elle et les empereurs depuis Frédéric II (1212); les traités de paix et d'alliance et ceux concernant les relations avec le Gouvernement français jusqu'à la capitulation.

Bon nombre de localités, même au centre de la France, ont laissé les Prussiens arriver et s'installer chez elles sans tenter de résistance, tant l'affolement était devenu grand, tandis que Strasbourg s'est défendu jusqu'à ce que ses maisons fussent en ruines, ses remparts effondrés et renversés [1].

Que l'on relise les lettres écrites à l'empereur Guillaume par l'évêque d'Angers, Mgr *Freppel,* qui antérieurement, durant 25 années, y avait exercé son ministère, par M. *Delmas,* pasteur protestant du consistoire de la Rochelle, par M. *Louis Simon,* ancien membre du Parlement allemand, par le démocrate *Jacoby* du fond de son cachot de Kœnigsberg, par Charles Vogt, et enfin ces apostrophes brûlantes lancées par le professeur de l'Université de Halle, le célèbre écrivain Feuerbach : . . . . . .

> Vous le craignez donc bien ce drapeau tricolore !
> C'est qu'en effet on l'aime, autant qu'on vous abhorre !
> Votre souffle fétide aura beau le flétrir,
> Il s'appelle, à nos yeux, la France et l'Avenir.
>
> (*L'Hymne au Peuplier.*)

---

1. Les pertes résultant du bombardement se chiffrent par 212 ou 216 millions : 500 maisons, au moins, ne présentaient plus qu'un amas de décombres... 9 à 10 mille individus se trouvaient sans abris... enfin, l'on comptait 3,500 blessés ou estropiés...!

Le roi de Prusse (il n'était pas encore reconnu empereur d'Allemagne), tenant à donner, le premier, l'exemple de sa munificence, envoyait *cinq mille thalers* (le thaler vaut environ 3 fr. 75 c.) pour effacer les misères ci-dessus décrites et il nous faisait payer des milliards...!!!

Ce travail n'est point un cri de guerre, n'est point une menace, n'est point une œuvre politique, c'est tout simplement, comme son titre l'indique, un mot d'histoire. — J'ai cherché à établir ce que j'affirmais au début de cette préface : c'est que soutenir que ces contrées ont toujours été allemandes, c'est vouloir maintenir effrontément un mensonge.

Je me suis efforcé de rendre ce travail instructif, le moins ardu possible et de le mettre surtout à la portée de *tout le monde;* l'on pourra, de la sorte, se prémunir ainsi contre les fausses allégations que MM. les Allemands (plus nombreux chez nous aujourd'hui qu'avant 1870) tentent de nous insinuer au sujet de ces conquêtes.

Ce petit livre n'est donc pas une œuvre extraordinaire, mais plutôt une étude historique ou une recherche patriotique; j'ai tâché de faire, comme dit Montaigne : « Un livre de bonne foy. » Et je serais heureux si le lecteur pouvait appliquer à ce travail ce vers d'Horace : « *Omne tulit punctum qui miscuit utile dulci.* »

Paris, le 20 juillet 1884.

Edm. OTT,

Décoré des médailles Militaire,
d'Honneur du Gouvernement
et de la Légion d'honneur (comme chevalier).

Iʳᵉ PARTIE

ALSACE

ALSACE

L'Alsace !!!.....

Que d'événements à nos yeux fait apparaître ce nom !... Que de personnages historiques... que de monuments merveilleux il rappelle !... Que de poètes... que de savants dont on évoque la mémoire quand on prononce ce mot : *Alsace !*

L'Alsace est baignée par l'*Ell* ou l'*Ill*, d'où l'origine de son nom d'*Elsass :* bornée à l'ouest par les Vosges et à l'est par le Rhin, elle a Strasbourg pour chef-lieu.

A la dissolution de l'Empire romain, l'Alsace fut comprise dans l'*Alemannie* [1].

---

1. *Alemannie :* confédération de nations germaniques formée par les peuplades établies alors sur les bords du Rhin, principalement de sa source au Mein.

Les *Alemanni* soutinrent plusieurs guerres contre les Romains : Caracalla (210), Claude (269), Probus (276), Julien (355) les battirent successivement.

S'unissant alors aux *Suevi* (masse d'aventuriers, de bannis, de routiers...., allant partout aux rapines ou à la conquête ; qui ne formaient ni un peuple, ni une nation. Lors de la grande invasion des Gaules (407) et de l'Espagne (409), les *Suevi* n'étaient, avec les Burgondes, les Alains et les Vandales, que des hordes envahissantes), les *Alemanni* tentèrent, à plusieurs reprises, de s'établir dans les Gaules ; ils furent repoussés par Clovis, qui les battit complètement à Tolbiac (496).

Mélangés aux *Alemanni*, les *Suevi* se fixèrent dans les pays nommés depuis la Souabe, la Suisse, le Wurtemberg, la Thuringe, et formèrent ainsi le noyau de l'Empire allemand.

Charles Martel, duc d'Austrasie, qui, de 720 à 730, vainquit les Saxons, soumit la Thuringe et la Bavière, y laissa l'empreinte de ses pas. Ainsi donc, les peuplades de la Germanie habitaient encore leurs sombres forêts que déjà Charles Martel était maître de ces contrées.

Charlemagne, qui, de 772 à 804, fit une guerre acharnée aux Saxons, commandés alors par Witikind; qui, en 788, réduisit le duc de Bavière (Tassillon conspirant alors contre lui) avec les Saxons (dont il annexa les États à son Empire); qui, de 791 à 799, subjugua les Avares et s'adjugea la partie occidentale du pays, s'étendant entre la Theiss et l'Inn (dont il fit, sous le nom d'Avarie, une marche de l'Empire des Francs), mourut en 814, avec la gloire d'avoir soumis et dompté tous les peuples germaniques, qu'il essaya de civiliser.

Carolus Magnus habitait souvent Aix-la-Chapelle (où se trouve son tombeau dans la célèbre cathédrale qu'il y fit bâtir). Il laissa à Strasbourg des traces de son passage et y fonda même une école où l'on enseignait la grammaire, l'arithmétique, la théologie et les humanités.

« A la mort de Louis le Débonnaire (arrivée en 840),
« son fils Lothaire, qui possédait déjà l'Italie et les pro-
« vinces de la Meuse et du Rhin, voulut s'emparer de
« toute la monarchie. Il passa les Alpes et vint en Al-
« sace; mais ses frères, Charles le Chauve et Louis le
« Germanique, s'unirent contre lui et le battirent à Fon-
« tenay en 844. C'est après cette victoire que Charles et
« Louis réunirent leurs armées dans une vaste plaine

« près de Strasbourg, pour contracter, en présence de
« leurs soldats, une alliance solennelle. Le serment qu'ils
« se prêtèrent, en cette circonstance, est conservé comme
« le plus ancien monument des langues romane et alle-
« mande. » (Ch. Bœrsch, *Revue d'Alsace*, 1836.)

L'empereur Othon Ier s'empara de l'Alsace en 955.

En 1648, elle fut réunie à la France, sous Louis XIV.

En 1790, elle forma les départements du Haut-Rhin et du Bas-Rhin.

Après la guerre de 1870-1871, le traité de Francfort (10 mai 1871) réunit à l'Allemagne les départements du Haut-Rhin (sauf Belfort), du Bas-Rhin, ainsi qu'une partie des départements de la Moselle et de la Meurthe sous le nom d'Alsace-Lorraine.

A la fin du XIe siècle, le landgraviat de la Haute-Alsace devint héréditaire dans la famille de Habsbourg.

Les deux derniers landgraves de la famille d'Œttingue vendirent, en 1362, à l'évêque de Strasbourg, Jean de Lichtenberg, les fiefs qui étaient en leur possession, et c'est de ce moment que la juridiction du landgraviat, dans toute la Basse-Alsace, se trouva entre les mains de ce personnage.

En 1255, se forma la *Ligue du Rhin* qui comprenait les communes de Strasbourg[1], de Colmar[2], de Schles-

---

1. Strasbourg : voyez la partie de l'ouvrage qui concerne cette ville.

2. Colmar (*Argentuaria* chez les Anciens, *Columbaria*, *Colmaria* au moyen âge), sur l'Ill et le canal de la Fecht, à 456 kilomètres Est de Paris ; ville d'environ 23,000 habitants.

tadt [1], de Brisach [2], de Haguenau [3], de Wissembourg [4], de Lauterbourg [5], etc.

---

1. **Schlestadt** (*Elsebus*, détruite par Attila, repeuplée au XIIIᵉ siècle, devient une des dix villes impériales de l'Alsace. Prise en 1632 par les Suédois, cédée, en 1648, à la France, et fortifiée par Vauban sous Louis XIV), sur l'Ill ; environ 10,500 habitants. Martin Bucer, un des plus ardents propagateurs de la Réforme, y naquit en 1491.

2. **Brisach** (Vieux-). (Ancienne capitale du *Brisgau* et ville impériale. Bernard de Saxe-Weimar la prit en 1638 pour la France, et, en 1641, l'empereur la reprit. Le traité de Westphalie la céda ensuite à la France qui la conserva jusqu'en 1697. L'armée française la bombarda en 1793.) Ville du grand-duché de Bade, sur la rive droite du Rhin ; 4,000 habitants.

En face, se trouve *Neuf-Brisach*. Place de guerre bâtie par Louis XIV (fortifiée par Vauban), sur la rive gauche du Rhin ; ville d'Alsace-Lorraine, 2,500 habitants.

3. **Haguenau.** (Ville impériale de la Basse-Alsace, formée en 1005 par une agglomération successive de maisons autour du château d'un comte de Hohenstaufen. Prise, en 1632, par les Suédois, elle fut vainement assiégée, en 1675, par Montecuculli, commandant les Impériaux. Tombée en leur pouvoir en 1705, le maréchal de Villars la reprit l'année suivante. En 1793, l'armée française battit complètement sous ses murs les armées autrichienne et prussienne.) Ville d'Alsace-Lorraine sur la Moder, 12,500 habitants.

4. **Wissembourg.** (*Sebusium* des Latins. Ville libre impériale en 1247. Le traité de Ryswick la remet à la France en 1697. Stanislas Leczinski, ex-roi de Pologne, l'habita de 1719 à 1725. Les Impériaux s'en emparèrent en 1744 et en 1793 ; mais Hoche la reprit en forçant les lignes de Wissembourg, fortifications qui s'étendaient de cette ville à Lauterbourg, en longeant le cours de la Lauter.) Ville d'Alsace-Lorraine, sur la rive droite de la Lauter, non loin de la frontière bavaroise, 6,000 habitants. Le 4 août 1870, les armées allemandes y remportèrent leur premier succès.

5. **Lauterbourg.** (Origine inconnue. Jadis chef-lieu d'un comté resté indépendant jusqu'en 1274. Donnée ensuite à l'église de Spire, elle fut prise plusieurs fois : en 1744, par les Impériaux, en 1793,

Si, à toutes les époques, l'Alsace n'avait pas été une terre privilégiée, fertile, riche et productive entre toutes ; si elle n'était pas féconde et ses habitants industrieux, aurait-elle tant excité la basse cupidité et l'envie grossière de ses voisins d'au delà du Rhin ?

Si elle n'avait pas eu tant de concitoyens célèbres, tant d'intrépides capitaines, tant de vaillants défenseurs, tant de savants illustres..., aurait-elle causé autant de jalousie aux hordes allemandes ?

« De tout temps, l'Alsace est appelée la cave à vin,
« la grange à blé, le garde-manger des pays environ-
« nants... » (Doppelmeyer : *Beschreibung des Elsasses*.)

« L'Alsace est une des plus heureuses contrées : elle
« ne le cède à aucun pays pour la richesse des produc-
« tions alimentaires ; le blé, les vins, les fruits délicieux
« y croissent abondamment. » (Munster : *Cosmographie*.)

L'Alsace, plus peut-être que toute autre contrée, eut ses grands hommes, ses grandes illustrations en tout genre, dont voici les plus célèbres :

Erwin de Steinbach, mort en 1318, et dont le fils *Jean* continua jusqu'à sa mort (1339) la construction de cette admirable cathédrale de Strasbourg.

Schwilgué, savant mécanicien de Strasbourg (1776-1856), restaurateur de l'horloge astronomique de la cathédrale de Strasbourg (sa ville natale), arrêtée depuis

---

par les Prussiens auxquels les Français la reprirent la même année lorsqu'ils forcèrent les fameuses lignes de Wissembourg à Lauterbourg), Ville d'Alsace-Lorraine, sur la Lauter, environ 2,500 habitants.

1790 et qu'il parvient à remettre en marche en 1842 après des travaux étonnants de science et de patience.

Guttenberg qui fonda l'imprimerie à Strasbourg et y fit ses premiers essais de 1438 à 1440. Depuis 1640, les habitants de Strasbourg célèbrent tous les cent ans, en son honneur, la fête de l'invention de l'imprimerie.

Calvin trouva un refuge dans ces contrées en 1538, lorsqu'il fut banni de Genève, et y propagea les nouvelles doctrines jusqu'en 1541, année où il fut rappelé à Genève.

Oberlin (dont le frère, Frédéric [1740-1826], pasteur au Ban-de-la-Roche, fut le bienfaiteur de la contrée), y professa, devint directeur du gymnase de Strasbourg et publia différents ouvrages classiques très répandus et très estimés (1735-1806).

Schweighæuser (1742-1830), né à Strasbourg, professeur dans cette ville, philologue des plus estimés, auteur de maints ouvrages remarquables, illustra ces contrées ; son fils (1776-1844) lui succéda dans sa chaire de professeur et tint à honneur de suivre les traces de son père.

Gœthe (1749-1832) reçut à Strasbourg le bonnet de docteur.

Kléber, fils d'un maçon et qui devint un des illustres généraux de notre grande armée, naquit à Strasbourg en 1753. Cette ville reconnaissante et sachant honorer ses enfants lui éleva (en 1840) une statue de bronze.

Le célèbre général *Desaix* (tué à Marengo, le 14 juin 1800, à l'âge de 32 ans) qui se signala comme aide de camp du général de Broglie aux combats de Wissembourg et de Lauterbourg, puis comme général de l'armée du

Rhin en 1796, défendit avec une bravoure extraordinaire le fort de Kehl.

Un monument fut élevé en ce lieu en son honneur et le carré de terre, entouré de chaînes, sur lequel il est établi, est resté, par une convention spéciale, *terre française!*

L'Alsace est française, absolument française par ses traditions, par son histoire, par ses mœurs et pas ses coutumes.

M. de Turenne (dit La Fare dans ses *Mémoires*) faisait savoir hautement et partout qu'il « était persuadé que « tant qu'il y aurait un soldat allemand dans l'Alsace, il « ne fallait pas qu'en France un seul homme de guerre « restât en repos. » C'est que ce grand homme de guerre sentait combien il était nécessaire que nous gardions la frontière d'Alsace jusqu'au Rhin.

Les fonctionnaires allemands, dans l'Alsace-Lorraine, à quelque classification qu'ils appartiennent et quel que soit le rang qu'ils occupent, ont toujours fait tout leur possible pour mériter la haine et le mépris de leurs administrés; ils sont grossiers, arrogants, fiers, vaniteux, rogues, brouillons, tracassiers, entêtés, sans aucun tact; ils ne vivent qu'avec petitesse, avec mesquinerie; les fonctionnaires supérieurs font seuls exception en général, et encore, sauf quelques rares exceptions, pas en tout; si c'était le but que la Prusse avait pour objectif, il faut reconnaître qu'elle a absolument bien réussi.

Si l'on en doutait, que l'on prenne l'*Industriel alsacien* portant la date du 28 novembre 1871 : l'on y trouvera tout au long le discours que prononça, lors de son entrée

en fonctions, le procureur impérial nommé à Strasbourg :
« Chaque fois qu'il s'agira d'être sévère, n'épargnez
« pas ; châtiez impitoyablement, ne perdez jamais de
« vue, un seul instant, que la clémence deviendrait im-
« médiatement une faute sans nom et que la modération
« serait même criminelle. »

La Prusse se sert de deux grands moyens d'action : ne pouvant s'emparer des hommes, elle cherche à s'emparer des enfants ainsi que des jeunes gens et les deux grands moyens qu'elle met en avant sont l'école et le service militaire obligatoire. — Elle veut prendre l'enfant à six ans et ne le relâcher que plus tard, beaucoup plus tard, et seulement à sa sortie du landsturm.

Quels résultats donnera cette éducation de l'enfant? C'est d'autant plus discutable que toutes les familles vraiment alsaciennes ou lorraines se font un devoir de ne parler chez elles à leurs enfants qu'en français : quant à ce qu'a produit leur pression militaire, voici ce que nous lisons, ce 9 mars 1884, dans un journal qui est le *Courrier du Bas-Rhin:*

« *Prusse.* Dans le courant des dix dernières années, quatre-vingt-sept mille quatre cent quatre-vingt-sept (87,487) jeunes gens soumis à l'obligation du service militaire ont quitté le pays, sans avoir obtenu un certificat d'émigration et par suite ont perdu leur nationalité en vertu de jugements des tribunaux civils.

« En 1875, on a compté le plus grand nombre de réfractaires, 10,265. Si l'on y ajoute ceux des autres États confédérés, on arrive à un total fort considérable de sujets allemands perdant, chaque année, leur nationalité, pour s'être, par l'émigration, soustraits à l'obligation du service militaire. »

Avant la guerre de 1870, l'on ne comptait pas *un seul réfractaire* dans toute l'Alsace-Lorraine.

Dans cet empire de fer, le soldat est traité avec une discipline de fer. Les chefs sont durs, insolents; les sous-officiers sont grossiers et brutaux. Quant à la nourriture, c'est à peine s'ils ont à manger : ils sont très mal nourris, et s'ils n'avaient pas la charcuterie de la famille ou des amis, il leur serait très difficile de pouvoir se soutenir.

L'Alsace, dit-on, parle la langue allemande... donc elle est réellement allemande. C'est une erreur !

La population parle un patois, mais non l'allemand proprement dit. — Elle n'est pas du reste la seule province française qui soit dans ce cas d'avoir eu son patois à elle. Est-ce que l'Auvergne, la Gascogne, la Bretagne n'ont pas le leur, sans parler de villes telles que Nîmes, Arles, Tarascon, etc. ?

La meilleure preuve, du reste, qu'en dehors de ce patois allemand toute l'Alsace parle français, c'est que le but poursuivi par l'Allemagne en Alsace-Lorraine est d'extirper la langue française et de la faire disparaître [1].

---

1. A l'époque de Luther, le latin était en honneur et les Allemands se servaient peu de la langue nationale. Peu à peu, les cours de Hesse, de Nassau et de Bavière se mirent à parler français et les autres imitèrent leur exemple.

Frédéric III, électeur de Bavière, faisait toute sa correspondance en français.

La langue diplomatique de l'Europe était, du reste, la langue française.

La Chambre de Prusse a voté l'instruction de la langue allemande dans l'Alsace-Lorraine comme seule langue pratique et officielle dans toute la monarchie ; elle veut agir en cette circonstance comme elle a déjà fait contre la Pologne.

Alors un député polonais de la Chambre prussienne s'écria :

« Vous allez ternir l'honneur du nom allemand et créer un précédent fâcheux : vous bannissez de votre politique le droit des gens et la justice la plus élémentaire ; vous inaugurez ainsi le règne de la violence, le règne de la terreur, le règne de la force ; mais un jour ce système sera retourné contre vous et alors !!!...

« Il est vrai que l'histoire de la Prusse est celle d'une suite de crimes et de vols à main armée ; aujourd'hui vous demandez aux victimes de votre politique de conquête d'abandonner et d'oublier leur langue!... C'est une infamie, une monstruosité, le rouge devrait vous monter au visage et vous devriez vous détourner de celui qui a rédigé un tel projet de loi.

« La grande majorité de la population de ces contrées ne comprend pas absolument l'allemand, vous la condamnez donc à avoir affaire à vos écrivains publics qui sont vos émissaires ou plutôt vos espions. On a dit ici que nous devrions être reconnaissants à la Prusse des bienfaits dont elle nous comble.

« Il est réellement difficile de pousser plus loin le cynisme et l'impudence !

« Non ! nous ne serons jamais des sujets ni des citoyens prussiens, car *nous sommes des sujets forcés de l'État prus-*

sien *qui protestent contre la violation de leurs droits, des droits solennellement garantis!* »

Après avoir promis à l'Alsace et à la Lorraine de respecter leurs mœurs, leurs habitudes, leurs coutumes, voilà de quelle façon la Prusse a tenu sa promesse.

« Depuis sa réunion à la France, au XVIIe siècle, et surtout depuis le baptême général que la Révolution française a donné à toutes les provinces, à toutes les villes qui avaient encore conservé leur individualité totale, l'Alsace et Strasbourg ont lié d'une manière intime leurs destinées à la France et sont entrés en communion plus étroite de sentiments et de pensées avec elle.

« Telle a même été la puissante influence de ces deux premières causes; l'Alsace a subi depuis un demi-siècle une transformation tellement complète, que deux générations qui se touchent et se donnent la main, paraissent, sous quelques rapports, comme deux peuples étrangers l'un à l'autre:

« En mariant son sort à celui de la France, l'Alsace a adopté aussi l'idéal de civilisation et de progrès dont la France poursuit la réalisation; elle a accepté un rôle dans les efforts communs de toutes les provinces françaises vers ce but; c'est au service de cette brillante cause que la vie de l'Alsace acquerra un développement nouveau, et que, fidèles à eux-mêmes, à leurs antécédents et à leurs ancêtres, les Alsaciens pourront déployer les qualités et les vertus qui forment le lien de continuité qui les unit au passé, la partie la plus vivante de leur tradition historique! » (Ch. Bœrsch, *Revue d'Alsace*, 1831.)

« Pourquoi la France a-t-elle réussi à gagner le cœur de ces populations qui, *primitivement,* étaient séparées d'elle par le langage et par les mœurs?.....

« C'est que nous ne nous sommes pas présentés en maîtres, ni en étrangers, et le caractère alsacien, avec son indépendance, ombrageux, est toujours plus sensible à la persuasion qu'à la volonté conquérante. La fidélité n'a pas d'autre origine ! » (Lereboullet : *l'Alsace Française. La Nouvelle Revue,* 15 novembre 1879.)

Ce qui saute aux yeux quand on étudie le caractère alsacien, c'est sa passion pour les arts philharmoniques et son goût pour la danse.

Il se signale aussi par ses goûts militaires et par son penchant à la bonne chère. « Ils se régalent rarement, dit Maugue, dans son *Histoire d'Alsace,* mais aussi tout y va quand ils font tant que de se traiter ; ils servent une si prodigieuse quantité de plats, qu'on est rassasié avant que d'en manger. »

Partout, dans l'histoire où apparaît l'Alsace, on voit un peuple franc, loyal, dévoué, courageux, sachant, par son opiniâtreté, surmonter les difficultés et les obstacles ; affrontant le danger qu'il méprise, tout en sachant jouir des avantages qu'il retire de ses victoires ; ce peuple a toujours mis à profit les occasions de plaisir.

C'est de lui que Gabwiler Jérôme dit, dans son *Panégyrique:* « Les Alsaciens donnent très souvent des repas, ils sont dans l'usage de célébrer des festins, soit pour féliciter leurs familles des accroissements qui y surviennent, soit pour répandre quelques consolations sur des événements funèbres qui leur enlèvent leurs parents. »

« Il est avéré que, tant que dura en Alsace la domination de l'Empire germanique, cette belle et riche province ne jouit jamais d'un instant de repos : guerres, luttes, rivalités, démêlés de toute sorte......, rien ne lui manqua pour entretenir la vigueur de son bras et l'activité de son esprit :

« Jamais, pendant ces quatre siècles moyen âge, elle n'eut un moment de trêve ni de tranquillité.

« Le contact des idées françaises, de la civilisation française, le mélange de la population française avec la population de l'Alsace et le développement de sa vie propre, sont les trois causes de la modification que l'Alsace a éprouvée dans les temps modernes. » (Ch. Bœrsch : *Revue d'Alsace*, 1836).

Française, l'Alsace a toujours vu ses forces s'accentuer, sa puissance augmenter, sa prospérité grandir, ses produits défier toute concurrence, ses institutions prospérer. De 1860 à 1868, ses artistes ont obtenu vingt médailles (dont, en 1868, la médaille d'honneur) et reçu une dizaine de décorations.

L'Alsace tient une place dans l'histoire. On l'y voit comme un peuple laborieux, peu soucieux du danger et tenace devant les obstacles et les difficultés qu'on lui oppose.

Très favorisée de la nature, car son sol, avec un climat tempéré, produit tous les végétaux des moyennes latitudes : blés, légumes, vins, fruits, tout y est bon et y croît avec abondance.

L'Alsace qui a toujours joué un rôle en Europe, a eu une histoire très mouvementée. Ses villes libres et impériales réprimèrent souvent les insolentes prétentions de ses seigneurs et de ses évêques; aussi, quand la Révolution française de 1789 y arriva, il y avait déjà près de cinq siècles que ses habitants connaissaient la liberté et *l'égalité de tous* devant la loi. Au moyen âge, elle eut ses tournois, puis à ces luttes lourdes, massives, pesantes et brutales, succédèrent des joûtes guerrières, élégantes : ses carrousels; quand ces fêtes furent détrônées par la poudre, elle eut ses tirs à l'arquebuse, à la carabine et au canon; après vinrent les fêtes nationales et patriotiques..., elle a aujourd'hui ses expositions et ses concours.

Ses tournois historiques sont :

1° Celui de 842 (Strasbourg);
2° Celui de 1230 (Strasbourg);
3° Celui de 1273, quand Rodolphe de Habsbourg s'arrête en se rendant à Aix-la-Chapelle où il allait chercher la couronne impériale (Vieux-Brisach) ;
4° Celui de 1279 (Strasbourg);
5° Celui de 1292 (Strasbourg);
6° Celui de 1363 (Strasbourg);
7° Celui de 1388 (Strasbourg);
8° Celui de 1390, qui fut le dernier et auquel assistèrent 300 chevaliers dont 48 comtes.

Elle eut un seul carrousel historique : celui de 1632, qui fut donné à Strasbourg.

Vinrent ensuite les sociétés de tir qui s'organisèrent sous le nom général de Compagnie de tireurs : sociétés qui furent d'abord les arbalétriers (1405), puis les tireurs d'arquebuse (1444); enfin les canonniers qui jouèrent en maintes circonstances un rôle historique.

Les tirs les plus célèbres sont :

1° Celui de 1456 qui eut lieu à Strasbourg;
2° Celui de 1472 qui se donna à Porrentruy;
3° Celui de 1485 à Obernai ;
4° Celui de 1498 qui fut célébré à Haguenau;
5° Celui de 1503 qui se fêta à Strasbourg.

Ses tirs au canon les plus connus furent ceux de :

6° 1507, lors du passage de Maximilien Ier (Strasbourg);
7° 1560, donné à l'occasion de la Saint-Jacques (Colmar);
8° 1565 (Strasbourg);
9° 1576 (Strasbourg);
10° 1590 (Strasbourg);
11° 1662 (Belfort);
12° 1681 (Strasbourg);
13° 1868, réunion du tir. Fête internationale qui dura les 27, 28 et 29 juin (Strasbourg);
14° 1869. Concours international de la Société de tir de Strasbourg et de la Société de gymnastique, 6, 7, 8, 9, 10, 11, 12, 13 et 14 juin avec accompagnement de musique, de sociétés chorales, etc... (Strasbourg).

L'Alsace est foncièrement française par ses traditions, par ses mœurs, par son histoire...

Française elle était, française elle est... française elle restera.

OTT.

« Aucune question d'origine, dit M. Charles Grad (dans une brochure intitulée *l'Alsace, sa situation et ses ressources au moment de l'annexion* 1872), ne saurait d'ailleurs prévaloir aujourd'hui contre le fait de la nationalité française de l'Alsace, dont le vote librement émis de la population donnerait un si éclatant témoignage, si elle avait la faculté de se prononcer sur son sort. Après avoir confondu nos intérêts matériels avec les intérêts de la France, nous sommes devenus Français par l'éducation, par les mœurs, par la communauté de foi politique surtout attestée par l'adhésion enthousiaste aux principes de liberté et d'égalité de droits et de devoirs proclamés le 4 août 1789. C'est de ce jour que date définitivement notre conquête; l'Alsace tient à cette solennelle affirmation, conservant au milieu de ses maux présents, l'inébranlable certitude que si un sacrifice momentané a été nécessaire pour le salut commun, la France ne l'abandonne pas sans retour et lui conserve son rôle dans les destinées de la patrie bien-aimée. »

L'Alsace (on peut en dire autant pour la Lorraine) faisait partie des Gaules et de la France longtemps, bien longtemps avant que l'Empire d'Allemagne la soumît.

Ses monuments sont des témoignages vivants et irrécusables qui prouvent mieux que tout que, dès l'origine, la vie gallo-romaine y avait pris racine. Alors que les hommes du Nord franchissant le Rhin envahissaient inopinément ces contrées, pillant, incendiant, violant et brûlant des villages entiers, les Francs venaient au secours et s'efforçaient d'effacer ainsi les traces des infâmes rapines de ces hordes pillardes.

Il en fut ainsi jusqu'en 496 où Clovis, s'emparant de l'Alsace, la rattacha à la France.

L'on connaît cette lettre de Louis XV à la duchesse de Rohan, traversant alors l'Alsace pour aller faire le siège de Fribourg (1744) :

« Jamais je n'ai rien vu de si beau, de si magnifique, de si grand, que ce que je vois depuis que je suis à Strasbourg. Mais ce qui me fait le plus de plaisir, *c'est l'affection que ces peuples me témoignent :* Ils sont aussi Français que les plus vieilles provinces !

Remember!

DEUXIÈME PARTIE

STRASBOURG

STRASBOURG

Strasbourg[1], alors *Argentorat*[2], était déjà une cité gauloise relativement civilisée, *alors que la Germanie était encore barbare* et que ses habitants vivaient dans leurs forêts.

César, en faisant sa conquête, la rendit ville romaine, et les vestiges romains que l'on découvre chaque jour prouvent qu'il en avait fait une ville fortifiée.

Quand y pénétra le christianisme? C'est une question que je laisse résoudre à l'histoire du clergé catholique; ce qu'il y a seulement d'évident, c'est que *Saint-Pierre-le-Vieux* existait au quatrième siècle.

---

1. Strasbourg (à 502 kilomètres de Paris et à 94 d'Igney-Avricourt), chef-lieu, aujourd'hui, de l'Alsace-Lorraine, possède une population d'environ 95,000 habitants.

Située sur l'Ill, cette ville communique avec le Rhin par deux canaux; elle en est distante, du reste, d'environ 6 kilomètres.

Avant 1870, cette ville était la troisième place forte de France.

Les Allemands ont étendu aujourd'hui beaucoup plus au loin ses fortifications et les ouvrages extérieurs qui l'entourent sont au nombre de treize dans un rayon de huit kilomètres.

2. *Argentorat* veut dire *Passage de l'eau*, ou mieux : lieu où l'on passe l'eau.

Après avoir subi maintes invasions et maints pillages des Germains, *Argentorat*, tombée en 496 au pouvoir de Clovis, devint une ville franque. Vers 510, ce roi fit bâtir une église sur l'emplacement de la cathédrale actuelle.

Au sixième siècle, *Argentorat* change son nom, devient *Strateburg* et un peu plus tard *Strasbure*.

Du VI° au VII° siècle, *Strasbure* devient la résidence du duc d'Alsace et siège d'un évêché qui prit rapidement une place prépondérante.

C'est en 775 que, par des chartes impériales, l'empereur Charlemagne l'autorisa à commercer, sans aucune redevance, dans toute l'étendue de son empire.

Strasbure, par suite des révolutions qui survinrent sous les fils de Louis le Débonnaire, fut rattachée au duché de Souabe[1], d'où son passage sous la domination germanique (843-1080). Son seigneur et maître fut alors son évêque et une lutte sourde s'éleva peu à peu entre ce chef temporel et l'esprit de plus en plus indépendant des habitants.

Enfin, en 1262, à *Hausbergen*, l'évêque *Walther de Geroldseck*, étant complètement battu par eux, le droit

---

1. Souabe, autrefois *Suevia*. Région de l'ancienne Alemannie. Son territoire alors n'avait pas de bornes bien exactes ; c'était au nord, la Thuringe, à l'ouest, la Forêt-Noire, à l'est, la Bavière, au sud, la Suisse. Sa capitale était Zurich.

Jusqu'en 746, la Souabe forma un duché mérovingien, sous le nom d'Alemannie ; des Nonces l'administrèrent de 744 à 843. C'est seulement en 912 qu'*Erchanges* prit le titre de duc de Souabe. De 843 à 1080, la Souabe possédait, comme territoire, tout le pays entre la Forêt-Noire et le Rhin, y compris l'Alsace.

de se nommer un maire, de se régir eux-mêmes et de contracter telles alliances qu'ils croiraient utiles, leur fut enfin acquis ; c'est ainsi que cette ville finit par devenir *ville Impériale,* c'est-à-dire relevant seulement de l'Empire qui lui maintint absolument ses privilèges.

En 1332 seulement, cette ville vit enfin dominer son élément démocratique et eut pour représentant un *Ammeister,* sorte de prévôt des corporations et métiers.

Sa prospérité croissait chaque jour, lorsqu'en 1348 et 1349 la peste ou le choléra asiatique (on l'appelait alors *la mort noire*) vint la ravager si cruellement que, les idées superstitieuses de l'époque attribuant cette calamité aux maléfices des juifs qui, disait-on, empoisonnaient les fontaines, ses habitants firent à ces malheureux une guerre d'extermination telle que plus de deux mille israélites furent brûlés vifs.

L'empereur Charles IV[1] confirma les privilèges de cette ville en 1356 d'abord, et en 1368 ensuite.

Elle eut à soutenir des luttes sérieuses contre des bandes anglaises qui, deux fois, vers la fin du XIVe siècle, cherchèrent à piller et à ravager l'Alsace.

En 1429, à la suite d'une guerre avec son évêque *Guillaume de Diest,* elle parvint à imposer le maintien de ses droits et privilèges.

---

1. Charles IV, empereur d'Allemagne (1316-1378), fils de Jean de Luxembourg, roi de Bohême, publia la fameuse *Bulle d'Or* (1356) qui fut, jusqu'au traité de Westphalie, la loi fondamentale de l'Empire germanique. C'est contre lui que se forma la ligue de Souabe, composée des villes libres de l'Empire.

Tout alla de mieux en mieux jusqu'aux premières années du xv⁰ siècle où *Strassburg* eut à se défendre contre les bandes pillardes des *Arme Gecken*, autrement dits *Armagnacs*.

Durant ce temps, néanmoins la flèche de la cathédrale put être achevée par Jean Hültz (1439) et l'imprimerie fut inventée par *Jean Guttemberg* (1440).

Les habitants révisèrent leur constitution en 1482 et cela marcha bien jusqu'en 1789 : c'était alors l'organisation communale représentée par une assemblée de *Schœffen* (échevins) et dirigée par deux conseils, le grand et le petit. (*Jacques Wimpfeling* y fonda la première société littéraire de l'époque.)

Jacques Sturm de Sturmeck, Stättmeister lors de la Réforme, fut assez sage, assez prudent et en même temps assez ferme pour empêcher les ferments de guerre civile religieuse : guerres civiles qui ensanglantèrent partout ailleurs cette révolution religieuse du xvi⁰ siècle.

Cette ville eut, ainsi que toute l'Alsace, beaucoup à souffrir de la guerre de Trente Ans.

Le traité de Westphalie, tout en lui maintenant ses droits et qualités de ville libre de l'Empire, lui arracha l'Alsace, passée à la France, et sa position devint critique (étant placée ainsi entre l'empire d'Allemagne et le royaume de France) jusqu'en 1681, époque où elle capitula avec les honneurs de la guerre, n'ayant pas été défendue par l'Empire; mais la France lui maintint tous ses droits, privilèges et immunités. Peu après, Louis XIV faisait son entrée dans ses murs.

En 1697, à la suite du traité de paix de *Ryswick*[1], l'empire d'Allemagne fit l'abandon de toutes prétentions sur cette cité.

En 1789, Strasbourg devint ville essentiellement française; ses habitants abolissant eux-mêmes leurs droits, leurs immunités et leurs privilèges, prirent le titre de citoyens français.

Bloqué vainement deux fois par les alliés en 1814 et 1815, Strasbourg vit peu après s'accroître sa grandeur artistique, son importance industrielle et son bien-être jusqu'au moment où éclata cette terrible guerre de 1870-1871.

La défense héroïque de cette ville est dans toutes les mémoires françaises, et les traces des dévastations causées par les obus prussiens se voient sur son admirable cathédrale et sur bon nombre encore de ses maisons ; les neuves que l'on rencontre aujourd'hui ont été élevées sur l'emplacement de celles détruites par les projectiles allemands, et Dieu sait s'il y en a eu…!

Lors du siège de Strasbourg en 1870, les Allemands essayèrent de forcer la capitulation en bombardant la ville. Le feu s'ouvrit contre cette place le 23 août dans

---

1. Ce traité célèbre fut signé au château de *Ryswick*, village hollandais, dans le congrès qui y eut lieu entre la France d'une part, l'empereur d'Allemagne, l'Espagne, l'Angleterre et la Hollande de l'autre.
Louis XIV rendait (entre autres clauses relatives à l'Espagne, à l'Angleterre et à la Hollande) Fribourg, Brisach, Philippsbourg et Kehl à l'empereur d'Allemagne, la Lorraine au duc de Lorraine, mais conservait Strasbourg.

la nuit; le 24 au matin le Temple neuf, le musée de peinture, la bibliothèque, n'étaient plus que ruines et les plus belles maisons de la ville s'écroulaient de toutes parts. Dans la nuit du 25 au 26 août, la cathédrale était en flammes, et tant sous l'action des flammes que sous la pluie de fer qui ne cessait d'écraser les ornements de cette basilique, le tout s'écroula et l'incendie s'arrêta faute d'aliments.

Le lendemain matin, le sol de cet édifice était jonché de débris, les admirables orgues de Silbermann étaient percées d'obus et les magnifiques vitraux peints en grand nombre brisés! Le 4 septembre, deux obus atteignirent la couronne de la flèche, et le 15 septembre un obus arrivant frapper au-dessous de la croix, celle-ci ne fut retenue que par les barres de fer du paratonnerre[1].

Le 14 septembre 1870, les descendants des vieux *Eidgenossen* du XVIe siècle, réalisant la promesse de Gaspard Thomann, entraient à Strasbourg; ils venaient offrir aux vieillards, aux femmes et aux enfants, l'hospitalité de la Suisse.

Quand la ville capitula enfin, elle n'était plus qu'un monceau de ruines.

Cent soixante-dix mille projectiles, dit-on, avaient porté coup.

---

1. Dès l'entrée des Allemands dans la ville, lors de la capitulation, on commença immédiatement le périlleux travail de restaurer le sommet de la flèche dont la tête s'inclinait vers la France, comme pour saluer la glorieuse vaincue, montrant, par contre, comme disaient les Strasbourgeois, la partie postérieure à la Prusse vers qui elle était tournée. Naturellement, le chancelier de fer ne pouvait tolérer plus longtemps un tel état de choses.

La cathédrale de Strasbourg est un monument trop célèbre pour que nous n'en donnions pas l'historique en quelques lignes ; elle a, du reste, dans toutes les phases de l'histoire de Strasbourg, été en quelque sorte de ses fêtes ou de ses cérémonies, de ses deuils et de ses douleurs.

La Cathédrale ou l'église Notre-Dame est un de ces monuments merveilleux qui seront toujours pour tous un objet d'admiration.

Elle fut élevée, dit-on, sur un terrain sacré où les *Celtes* avaient un *dolmen* se dressant au milieu d'un bois sacré ; ce dolmen était, croit-on aussi, consacré à *Esus*, le dieu de la guerre.

Plus tard, sous les Romains (alors qu'une ville s'éleva là où étaient jadis les habitants celtes), un temple consacré à Mars et à Hercule remplaça le dolmen et le bois sacré.

En 510, Clovis, vainqueur après Tolbiac, fit bâtir une église sur l'emplacement du temple de Mars et d'Hercule, et c'est sur cette église que s'éleva la cathédrale.

Des donations considérables permirent d'embellir et d'agrandir cette église. Dagobert II, en 675, fit la donation de la ville de Rouffach et du château d'Isembourg. Le comte Rudhard, en 748, lui céda Ettenheim ainsi que plusieurs villages sur la rive droite du Rhin, et en 775, Charlemagne exempta de péages et d'impôts tous les sujets de l'évêché. Un incendie, en 873, dévora une partie de la cathédrale ainsi que ses archives. Les dégâts, à l'aide de nouvelles donations, furent promptement réparés ; mais les bandes de Hermann, duc de Souabe, la pillèrent et l'incendièrent. Henri II, vainqueur d'Hermann, le força à la reconstruire ; mais en 1007, la foudre la détruisit.

Les paysans et les serfs amenant de tous côtés des matériaux innombrables, on recommence, en 1025, l'œuvre grandiose en refaisant ses fondations.

Deux cent mille hommes travaillèrent sans relâche pour le salut de leur âme, et en 1028, on arriva à la toiture.

Au commencement du XIII° siècle, le monument ne répondant plus ni à l'importance de la ville, ni au nombre des habitants, il fallait songer à l'agrandir d'une façon grandiose.

Le style roman fit ainsi place au style gothique, et c'est alors que l'évêque Conrad de Lichtemberg confia la direction des travaux à Erwin de Steinbach.

Lors de la Réforme, les protestants prirent possession de la cathédrale, mais n'y firent aucun changement et n'y commirent aucune dégradation. La capitulation de 1681 la rendit aux catholiques.

Un tremblement de terre l'ébranla en 1728 ; la foudre la ravagea en 1759, des dégradations furent commises en 1793, et c'est alors qu'on coiffa la flèche d'un immense bonnet rouge en fer-blanc, bonnet que l'on voit encore aujourd'hui dans le musée ; mais tout cela n'était rien encore, il fallait le bombardement de 1870 !

Strasbourg faisait partie de la *Décapole* ou alliance des dix villes impériales de l'Alsace ; néanmoins, se trouvant un peu isolée de ce concert alsacien, cette ville fit alliance offensive avec les Suisses (1588).

Les Suisses promirent à la ville de Strasbourg un secours de 30,000 hommes le cas échéant, et par contre la ville, en prévision d'une indemnité dans le cas où il ne lui serait pas possible de fournir des secours militaires, déposa à Berne et à Zurich la somme de 30,000 florins et 10,000 sacs de blé.

Les corporations de Strasbourg ont existé jusqu'au 16 février 1791 : elles furent abolies alors par décret de l'Assemblée nationale.

Cette ville exerçait tous les droits de supériorité territoriale.

Elle ne mettait pas sur ses monnaies l'aigle impériale d'Allemagne, mais bien ses propres armes [1], marque distinctive des villes libres de 1re classe.

Strasbourg eut des fêtes célèbres dans son histoire. C'est ainsi que l'on cite les tournois qui eurent lieu :

1° En 842, quand *Charles* et *Louis*, frères de l'empereur Lothaire, renouvelèrent leur alliance contre lui ;

2° En 1230, où le comte de Fribourg *Egenon* tua le père de *Landfried de Landsberg* ;

3° En 1279, où mourut *Landfried de Landsberg* dont le père avait été tué en semblable circonstance (1230) ;

4° En 1292, où fut tué un chevalier ;

5° En 1363, à l'occasion du passage en Alsace du roi de Chypre et de Jérusalem (croisades), *Pierre de Lusignan* ;

6° En 1388, à l'occasion de la fin de la *Guerre des Maillets*.

Les carrousels succédèrent aux tournois, etc.

Parmi les plus remarquables, l'on cite le carrousel historique qui fut donné dans cette ville en l'année 1632.

---

1. L'ancien grand sceau de Strasbourg représente la Vierge, assise sur un trône, sous le portique d'une église, et tenant l'enfant Jésus sur ses genoux.

Les anciennes compagnies de tireurs à Strasbourg s'organisèrent après les carrousels et leurs premiers règlements furent établis en 1405 : ce furent d'abord les tireurs d'arbalète.

Le règlement de 1405 fut remplacé par celui de 1534, lequel le fut à son tour par celui de 1663.

Les tireurs d'arquebuse furent ensuite fondés en 1444.

Puis vinrent les canonniers, et la valeur de l'artillerie de Strasbourg est célèbre à cette époque.

Au siège de Blâmont[1], l'*Autruche* de Strasbourg décida la reddition de la place. Les artilleurs strasbourgeois avaient une autre pièce également célèbre, canon connu sous le nom de la *Mésange*. Le roi Henri II fit personnellement connaissance (disent les chroniqueurs) avec son sifflement.

En 1456 eut lieu à Strasbourg un tir célèbre, celui auquel les Zurichois prirent part et où il fut solennellement reconnu qu'ils étaient les plus remarquables tireurs dont on eût ouï parler jusqu'alors.

En 1503, un nouveau tir international fut donné à Strasbourg, à l'occasion de la visite de l'empereur Maximilien Ier, venu pour la prise de possession solennelle du siège épiscopal de l'évêque de Strasbourg (*Guillaume de Hohenstein*) [1507]. Une fête guerrière splendide fut donnée et 10 pièces de grosse artillerie y figurèrent.

Un autre tir eut lieu ensuite en 1565.

---

1. Blâmont, aujourd'hui chef-lieu de canton, sur la Vezouse (Meurthe-et-Moselle).

Puis vint le tir de 1576, pour lequel Strasbourg lança de nombreuses invitations et qui est resté célèbre dans l'histoire.

C'est à cette occasion que les Zurichois apportèrent la célèbre marmite de millet [1].

En 1590, un nouveau tir y fut donné ; puis vint ensuite celui de 1611.

Deux siècles s'écoulèrent et en 1868 une fête internationale fut donnée à Strasbourg : fête qui se répéta en 1869.

Des fêtes célèbres ont lieu à Strasbourg, les plus connues de l'histoire sont :

En 1638, à l'occasion de la naissance de Louis XIV.

En 1682, pour la naissance du duc de Bourgogne.

En 1729, pour la naissance du Dauphin.

En 1744, fêtes à l'occasion de l'entrée de Louis XV à Strasbourg.

En 1744, pour la bénédiction des drapeaux et étendards français.

En 1790, pour la *Fédération :* fêtes des 14 juillet 1789-1790-1791-1794-1796-1800-1801-1803 en l'honneur de la prise de la Bastille.

Le 30 octobre 1797, Strasbourg fit une cérémonie funèbre magnifique en l'honneur de *Hoche* [2], général en

---

1. Je crois être agréable à mes lecteurs, en donnant à la fin de cet historique de Strasbourg, sous son titre : « Le grand tir de 1576 et la bouillie de mil des Zurichois », la copie exacte d'une des notices publiées à Strasbourg et vendues dans les rues le 3 mai 1884, à l'occasion de l'inauguration de « la fontaine des Zurichois ».

2. Hoche (Lazare), né à Versailles (Seine-et-Oise), en 1768, commandait en chef, à 25 ans, l'armée de la Moselle. Après un échec à

chef des armées de Sambre-et-Meuse, du Rhin et de Moselle.

Le 2 octobre 1799, Strasbourg célébra une fête funèbre en l'honneur du général Joubert [1], tué à Novi à la tête de l'armée d'Italie.

Le 22 juin 1800, fête à l'occasion de l'annonce de la victoire de Marengo. Bonaparte premier consul.

Le 2 décembre 1804, fêtes données à l'occasion du couronnement de Napoléon Ier.

Le 23 mai 1805, fêtes données pour le couronnement de l'empereur Napoléon comme roi d'Italie.

Fêtes du 15 août à Strasbourg durant tout l'empire.

Kaiserlautern, il bat les Autrichiens à Wissembourg, leur prend Germersheim, Spire, Worms, et les chasse de toute l'Alsace (1793-1794). Appelé au commandement de l'armée de Sambre-et-Meuse (février 1797), il passa aussitôt le Rhin et gagna successivement sur les Autrichiens les batailles de Neuwied, d'Uckerath, d'Altenkirchen. Il fut ensuite nommé général en chef de l'armée d'Allemagne, se composant des armées de Sambre-et-Meuse et du Rhin.

Il mourut comme tel, en septembre 1797, à l'âge de 29 ans, d'une maladie d'entrailles ou plus vraisemblablement *empoisonné*, comme on le prétendit alors.

A Wissenthurn, près de Neuwied, un monument a été élevé en son honneur.

1. Joubert, à qui le Directoire songeait à confier le pouvoir suprême, attaqué à l'improviste par Souvarow à Novi, y fut blessé mortellement le 15 août 1799, après des prodiges de bravoure; il n'avait que *39 ans* quand il mourut et était général en chef!

Né en 1760, à Pont-de-Vaux (Ain), Joubert s'engage en 1791. Nommé général de brigade, à Loano, en 1795, après des actions d'éclat qui le couvrirent de gloire, il fut, en Italie, le bras droit du général Bonaparte, à Montenotte, à Millesimo, à Mondovi et à Rivoli. Nommé commandant en chef, il révolutionna le Piémont.

Fêtes pour la naissance du roi de Rome, 13 avril et 9 juin 1811.

Le 17 mai 1815 a lieu la fédération alsacienne, à laquelle se rendent les députations des associations fédérales du Haut et du Bas-Rhin [1].

Le 6 septembre 1818, la ville de Strasbourg célébra la translation des restes du général Kléber [2].

---

1. *Fédération alsacienne.* Arrêté du maire de la ville de Strasbourg, le 17 mai 1815 :

« Déclarons et renouvelons le serment solennel, à la face du ciel et en présence des peuples, que, jusqu'à ce que l'étranger armé soit éloigné des frontières de la France actuelle, nous serons et demeurerons, nous et les nôtres, unis de fait, d'intention, d'action et de conduite, pour nous porter un appui mutuel, et pour repousser, tant au dedans qu'au dehors, soit à main armée, soit par le glaive des lois, la guerre injuste, impie, subversive de toute civilisation que l'on prétend nous faire et que nous ne souffrirons, à quelque époque et à quelque condition que ce soit, aucune atteinte qui serait portée aux droits qu'ont les nations de se régir par leur volonté. »

Un registre ouvert à l'effet de recueillir les adhésions des volontaires fut, en peu de temps, couvert de signatures.

Tout pour la Patrie !... Tout pour la France !! Tel était le cri qui partait de tous les cœurs.

2. Kléber, né à Strasbourg, en 1753, *fils d'un maçon*, s'engagea en 1792, se signala au siège de Mayence, décida, en Vendée, de la victoire de Cholet, et conjointement avec son collègue Marceau anéantit l'armée vendéenne, en 1793, au Mans et à Savenay.

Général de division à l'armée de Sambre-et-Meuse, il contribua à la victoire de Fleurus (1794). Vainqueur à Marchiennes, il prit Maestricht et dirigea le blocus de Mayence. Il força le passage du

Ils reposent, place Kléber, dans un caveau au-dessous du piédestal qui supporte sa statue en bronze inaugurée en 1840 (œuvre d'un Strasbourgeois). Les bas-reliefs du piédestal représentent, l'un la bataille d'Altenkirchen (26 juin 1796), l'autre la bataille d'Héliopolis (20 mars 1800).

Le 2 mai 1822, Strasbourg fêta la naissance du duc de Bordeaux.

Le 4 février 1824, Strasbourg offre une réception magnifique au régiment de hussards du Bas-Rhin (les héros de Logrono[1]) se rendant à Haguenau et commandé alors par un Alsacien, le colonel de Muller.

Les 29 et 30 mai 1825, à l'occasion du sacre de Charles X, Strasbourg donne des fêtes d'une grande splendeur[2].

Le 21 avril 1827, Strasbourg se met en fête à l'occasion du retrait du projet de loi contre la liberté de la presse[3].

Rhin en 1795, battit en 1796, à Altenkirchen, le prince de Wurtemberg, et à Friedberg le prince de Wartensleben. Après s'être couvert de gloire aux victoires du Mont-Thabor et d'Aboukir, Kléber prit, en 1799, le commandement en chef de l'armée d'Égypte quand Bonaparte voulut rentrer en France.

Le 19 mars 1800, il battit, à Héliopolis, une armée turque dix fois supérieure en nombre et, du coup, apaisa la révolte.

En juin 1800, il tomba sous le poignard d'un fanatique; il était alors âgé de 47 ans.

1. Logrono, autrefois *Juliobriga*, ville murée de la Vieille-Castille, sur l'Elbe, prise par les Français en 1823.

2. Voir le programme de ces fêtes, dans le *Courrier du Bas-Rhin* en date du 26 mai 1825.

3. Voir les détails dans le *Courrier du Bas-Rhin* du 22 avril 1827.

Le 16 août 1830, des réjouissances publiques ont lieu à Strasbourg pour fêter Louis-Philippe I*er*, nommé *roi des Français* [1].

Le 5 mars 1848, a lieu à Strasbourg, sur la place Kléber, une grande revue patriotique de la garnison et de la garde nationale.

Le 16 avril 1848, Strasbourg plante l'arbre de la liberté [2].

Le 2 mai 1848, cette ville donne une ovation à ses représentants, qui se rendent à Paris [3].

Telles sont les fêtes (et je ne cite que les plus remarquables) qui indiquent *combien Strasbourg a toujours été en communion d'idées avec la mère-patrie.*

Toutes les classes de la population savent ici parler la langue nationale; si cependant l'allemand strasbourgeois se conserve encore dans les relations ordinaires de la vie, par contre, dans l'intimité de la famille, *tout le monde parle français!*

L'on peut et avec justice dire de cette ville qu'elle est digne de porter cette devise :

« *Pro Republica sœpe, pro Patria semper!* »

---

1. Voir dans le *Courrier du Bas-Rhin* du 15 août 1830, la relation du vieux drapeau tricolore ayant appartenu à l'ancienne garde mobile.

2. Voir la relation de cette fête patriotique dans le *Courrier du Bas-Rhin* du 17 avril 1848.

3. Les ovations, la conduite et les adieux qui leur sont faits, sont détaillés tout au long dans le *Courrier du Bas-Rhin* du 2 mai 1848.

TROISIÈME PARTIE

NOTES SUR STRASBOURG

> « J'ai vu, écrivait Érasme de Rotterdam, en parlant de Strasbourg, une aristocratie sans factions, une démocratie sans tumulte, des fortunes sans luxe, et de la prospérité sans ostentation. »

NOTES SUR STRASBOURG

Strasbourg, ancienne capitale de l'Alsace, est située sur l'Ill, à 8 kilomètres du Rhin ; elle communique avec ce fleuve par deux canaux, un grand et un petit. L'Ill, grossie de la *Bruche*, dont elle reçoit les eaux, traverse la ville en deux grands bras se rejoignant ensuite pour aller se jeter dans le Rhin à 12 kilomètres de Strasbourg.

Cette ville, point de convergence de nombreuses et importantes voies et routes telles que les chemins de fer de Paris, de Bâle, de Wissembourg, de Kehl, de Barr-Mutzig-Wasselonne et des routes nationales de Paris, de Lyon, de Spire, de Landau, de Sarrebrück ainsi que des canaux du Rhône au Rhin et de la Marne au Rhin; Strasbourg est un point stratégique d'une très haute importance.

De tout temps, du reste, son importance stratégique n'avait pas échappé.

L'*Argentorat* gaulois était ceint de murailles.

On retrouve tous les jours des vestiges des fortifications romaines.

Au moyen âge, c'était une place de guerre considérable et l'on voit encore aujourd'hui les portes et les murs qui faisaient alors partie de l'enceinte de la ville. C'est ainsi que l'on remarque encore la tour des Florins, qu'on appelle aussi la tour des Martyrs: vieille tour carrée s'élevant sur le quai des Bateliers.

Trois autres tours existaient encore à l'ouest de la ville : elles servaient à défendre l'entrée de l'Ill, dont les trois bras étaient reliés entre eux par des *ponts couverts*.

Les principales portes de cette ville forte étaient jadis : *la porte Blanche*, remontant au XVI° siècle ; *la porte de Saverne*, armée de tours remontant à 1349 ; *la porte de Pierres* construite en 1347 ; *la porte des Juifs* que l'on dit édifiée en 1399 ; *la porte des Bouchers* bâtie en 1400 ; *la porte des Pêcheurs* établie en 1541.

Louis XIV fit fortifier Strasbourg par Vauban qui édifia sa citadelle de forme pentagonale (armée de cinq bastions et couverte de cinq demi-lunes) ; commencée en 1682, elle était absolument terminée en 1685. Ce système de défense resta jusqu'en 1866, époque à laquelle on le modifia en raison du perfectionnement de l'artillerie.

Avant 1870, son arsenal était un des plus importants de France et un des mieux approvisionnés. Les casernes, au nombre de huit, étaient de superbes constructions en pierre de taille pouvant contenir à l'aise 12,000 hommes et 1,800 chevaux. Cette place de guerre renfermait huit magasins à poudre et possédait un approvisionnement en toutes choses (avoines, munitions, effets, armes, réserves et vivres) pour 180,000 hommes.

L'évêque de Strasbourg était prince-évêque de la ville, landgrave d'Alsace et prince du Saint-Empire. Il avait ses palais à Strasbourg, à Benfeld, à Mutzig et à Saverne. La création du grand chapitre de cette basilique remonte, dit-on, à saint Amand[1].

Un tiers des canonicats appartenait aux seigneurs français (1687); ils devaient prouver qu'ils descendaient de père, grand-père, bisaïeul et trisaïeul tous *princes ou ducs*; quant aux chanoines allemands, ils devaient justifier, tant du côté paternel que du côté maternel, de seize quartiers de noblesse et leurs pères et grands-pères devaient avoir *voix* et *séance aux diètes générales de l'Empire*.

La considération dont jouissait ce collège de prélats strasbourgeois était telle, qu'en 1780 les lettres patentes défendant aux chanoines de porter, ailleurs que dans l'église, la croix épiscopale, ne s'adressaient pas à eux et ces chanoines-prélats *conservèrent seuls* le droit de porter leur croix partout où bon leur semblait.

---

1. Saint Amand naquit près de Nantes en 589, et fut, en 627, sacré évêque de Maestricht (ville forte de Hollande, chef-lieu du Limbourg hollandais, bâtie sur la Meuse et qui existait dès le iv° siècle). Il est considéré comme l'apôtre du Brabant, et il fonda, dit-on, plusieurs monastères.

Disgracié par le roi Dagobert dont il osa blâmer la conduite plus qu'irrégulière, il mourut, en 679, à Elnon, monastère de sa fondation, dans la ville de Saint-Amand-les-Eaux (*Oppidum Sancti-Amandi*), sur la Scarpe, près de Valenciennes.

LE GRAND TIR DE 1576

ET

LA BOUILLIE DE MIL DES ZURICHOIS

(*Copie textuelle de la notice publiée et vendue à Strasbourg, ce 3 mai 1884, à l'occasion de l'inauguration de la « Fontaine des Zurichois » qui eut lieu cedit jour.*)

« Le 20 juin 1576, à une heure avancée déjà du soir,
« la population de la bonne ville de Strasbourg se pres-
« sait dans les ruelles étroites de la Krutenau et aux
« abords du canal appelé *Rheingiessen*, et remplacé de-
« puis une douzaine d'années par la rue de Zurich. Une
« animation joyeuse tenait en haleine femmes, enfants
« et vieillards, et une curiosité presque fiévreuse se pei-
« gnait sur tous les visages. Tout à coup une acclamation
« formidable s'échappe du sein de la foule; au milieu du
« canal s'avançait, sous l'impulsion vigoureuse de dix-
« huit solides rameurs, une grande barque pavoisée de
« drapeaux, et chargée d'hommes de tout âge et de tout
« rang, mais revêtus d'un costume uniforme de drap
« rouge pâle et de velours noir. Les uns, plus graves,
« la chaîne d'or au cou, agitaient leurs toques chargées

« de plumes en manière de salut ; les autres répondaient
« gaiement aux hourras de la foule par des acclama-
« tions amicales, et jetaient à pleines mains dans les
« rangs houleux des spectateurs de petits gâteaux et
« des craquelins savoureux. Enfin, la nef s'arrête au
« point de débarquement près la tour des Martyrs, na-
« guère détruite, et vient jeter l'ancre. Là, protégés à
« peine contre la poussée des masses par les varlets du
« Tribunal des Sept, se tenaient les délégués du Magis-
« trat de Strasbourg, chargés de souhaiter la bienvenue
« à ces voyageurs arrivant si tard dans nos murs. L'éclat
« des torches groupées sur ce recoin du quai, permit
« alors à la foule d'assister à un bizarre spectacle. On
« débarquait de la nef à grand'peine une immense
« futaille remplie de sable chaud, puis de ses flancs on
« retirait une vaste marmite en fonte, dont le contenu
« fumait encore. Celui qui semblait être le chef de l'é-
« quipage étranger, s'adressait alors d'une voix haute
« et cordiale à nos concitoyens étonnés, en leur présen-
« tant ce singulier cadeau : « *C'est à bon droit, sans doute,*
« *que vous vous étonnez de nous voir apporter un aussi*
« *piètre présent que l'est une bouillie de mil ; mais sachez*
« *que ce n'est qu'un symbole. Si jamais — ce qu'à Dieu*
« *ne plaise — Strasbourg devait être dans la détresse ; elle*
« *a des amis qui viendront à son secours avant qu'un plat*
« *de mil ait eu le temps de refroidir !*

« Il n'est pas d'enfant de notre vieux Strasbourg qui
« n'ait reconnu déjà, dans ces voyageurs, les hardis nau-
« toniers de Zurich, qui franchirent en un seul jour,
« dans la *Nef aventureuse*, la distance qui les séparait

« de Strasbourg et rendirent impérissables, parmi nous,
« les souvenirs du grand tir de 1576. Bien des milliers
« d'étrangers étaient accourus de tous les pays voisins
« dans nos murs, pour prendre part aux joûtes pacifiques
« de l'arbalète et de l'arquebuse qui se tinrent alors au
« *Schiessrain*, sur une partie du Contades actuel. Ils y
« reçurent tous une hospitalité cordiale pendant les
« deux mois et demi que dura la fête, mais l'imagination
« populaire s'est attachée tout particulièrement, et dès
« l'abord, à l'épisode de la visite des Zurichois. Ils
« étaient cinquante-trois qui, sous la conduite de Gas-
« pard Thomann et de Hans Ziegler im Werd, s'étaient
« associés pour descendre la Limmat et le Rhin, et pa-
« rièrent d'arriver à Strasbourg assez rapidement pour
« qu'une bouillie de mil n'eût pas le temps de refroidir
« dans l'intervalle. Dix-huit heures de travail acharné
« leur firent gagner ce pari difficile. Quand les hôtes et
« les nouveaux arrivés se furent rendus, musique en
« tête, au Poêle des Maçons, où les attendait un festin
« splendide, la bouillie fumait encore et brûla les lèvres
« de plus d'un convive trop pressé de la goûter. Les vins
« généreux d'Alsace et la sympathie générale qui les en-
« tourait firent oublier bientôt aux voyageurs leurs rudes
« labeurs, et, pendant les quelques jours de leur séjour
« à Strasbourg, le Magistrat leur fit gracieusement les
« honneurs de la cité. La marmite de fonte, témoin de
« leur course hardie, existe encore à la Bibliothèque
« municipale, bien que brisée et mutilée par l'incendie
« du 24 août 1870. Mais elle ne reste point le seul sou-
« venir de ces fêtes, déjà si loin de nous. Le plus mar-

« quant des poètes de ce temps, le Strasbourgeois Jean
« Fischart, relata les exploits des nouveaux Argonautes
« dans un poëme épique, *la Nef aventureuse de Zurich*,
« qui reste une des productions les plus réussies de la
« littérature allemande au XVIe siècle. C'est pourquoi la
« Société d'embellissement de Strasbourg a voulu que son
« buste, si heureusement modelé par la main habile
« d'un compatriote, orne aujourd'hui à bon droit la
« *Fontaine de Zurich.*

« Mais ce n'est pas seulement à la mémoire des fêtes
« joyeuses de 1576 qu'est consacré le modeste monument
« érigé par l'initiative de la Société d'embellissement.
« Il porte une autre inscription encore, et sur l'une de
« ses façades on lit une date qui nous rappelle de tout
« autres souvenirs que la venue de Gaspard Thomann et
« de ses hardis compagnons. Si le nom de Zurich est
« aujourd'hui si profondément ancré dans nos cœurs, si
« nous sommes heureux de témoigner à nos anciens con-
« fédérés, par un signe extérieur, notre affection et notre
« reconnaissance, c'est qu'ils n'ont pas été seulement les
« amis de Strasbourg en ses jours de fêtes et de bonheur.
« A la date du 20 juin 1576 répond celle du 11 septembre
« 1870. Ce jour-là, la délégation suisse, pénétrant dans
« notre ville incendiée, en proie à mille angoisses, vint
« verser un premier rayon de lumière dans nos cœurs
« ulcérés par de longues souffrances. A trois siècles de
« distance, la fidèle alliée d'autrefois accourait pour ar-
« racher, dans la mesure du possible, nos vieillards, nos
« femmes et nos enfants à la mort cruelle qui déjà,
« autour de nous, avait moissonné tant d'innocentes

« victimes. *C'est ainsi que les descendants des vieux Eidgenossen du XVI° siècle ont noblement réalisé la parole de Gaspard Thomann.*

« Puisse le nouveau, quoique modeste monument de la place de Zurich, dû à l'initiative privée, contribuer à raviver à jamais dans nos cœurs les souvenirs de reconnaissance de ces deux dates de 1576 et 1870. »

QUATRIÈME PARTIE

NOTICE GÉNÉRALE

« *Ad perpetuam rei memoriam.* »

NOTICE GÉNÉRALE

En récapitulant ce qui est exposé dans ce travail, on arrive à démontrer que Strasbourg, ainsi que l'Alsace, ont traversé diverses phases; mais que jamais la domination allemande n'a été d'aussi longue durée que les dominations gauloise, franque et française réunies.

En effet :

Argentorat est successivement au pouvoir des Gaulois et des Romains (race Latine) jusqu'en 496 où elle est conquise par Clovis; *Argentorat* est donc ville franque de 496 à 843, moment où elle est rattachée au duché de Souabe sous le nom de *Strasbure;* c'est donc seulement de 843 que date son passage sous la domination germanique.

De 843 à 1080, elle passe sous la domination épiscopale.

S'émancipant peu à peu, cette ville finit par se révolter contre son évêque, le bat et devient ville libre impériale sous le nom *Struteburg*.

L'empereur Charles IV confirme ses privilèges de ville libre en 1356 et en 1368.

En 1482, les habitants révisent leur Constitution.

En 1681, n'étant plus défendue par l'empire d'Allemagne, cette ville se soumet à la France qui lui maintient ses droits, privilèges et immunités.

En 1697, l'empire d'Allemagne, par le traité de paix de Ryswick, abandonne toutes prétentions sur l'Alsace et sur cette ville qui s'appelle enfin *Strasbourg*. — Devenue absolument française, Strasbourg accueille avec enthousiasme la Révolution de 1789 et, le 15 novembre 1793, le costume allemand disparaît en quelques heures, à la suite d'une proclamation des représentants du peuple près l'armée du Rhin.

Maintes fois, la ville de Strasbourg a pu ouvrir ses portes aux armées allemandes : le fit-elle jamais...? Non! elle préféra courir à ses remparts pour y combattre et elle sut y mourir comme en 1870.

Période gauloise et Empire romain (Race latine de J.-C. à l'an 496)	496
Période des rois francs, depuis Clovis (496) jusqu'au rattachement au duché de Souabe, en 843.	347
Période de la domination germanique, de l'an 843 à l'an 1080.	237
Période de la domination épiscopale jusqu'à son émancipation comme ville libre impériale, de 1080 à 1356	276
Période de ville libre impériale et confirmation de ses privilèges par l'empereur Charles IV, de 1356 à 1482	126
Période de l'indépendance de Strasbourg, de 1482, époque où les habitants révisent eux-mêmes leur Constitution, jusqu'en 1681	199
Strasbourg abandonné par l'Allemagne, en 1681, se donne à la France; approbation du traité de Ryswick jusqu'en 1871.	190
Période allemande, de 1871 à 1884, époque où paraît ce travail.	13
Soit.	1,884

En récapitulant ce tableau, il ressort que :

1° La période française se répartit ainsi :

Période gauloise	496 ans.
Période franque	347 —
Période française	190 —
	1,033 ans.

2° La période allemande se répartit de la sorte :

Domination germanique	237 ans.
Domination épiscopale	276 —
Ville libre allemande	126 —
Ville libre indépendante	199 —
Conquête de 1870	13 —
	851 ans.

Donc :

Période gauloise, franque et française	1,033 ans.
Période germanique et allemande	851 —
Différence en faveur de la France proprement dite	182 ans.

Et nunc erudimini !!!

CINQUIÈME PARTIE

APPENDICE

« *Indocti discant et ament meminisse periti.* »

APPENDICE

Je n'ai point la prétention de donner ici une étude complète sur l'organisation militaire de l'Allemagne, j'ai voulu seulement faire connaître en quelques mots le service militaire qui s'applique à l'Alsace et à Strasbourg comme au reste de l'Empire.

Il m'a semblé bon de mettre ces quelques lignes sous les yeux de lecteurs qui, tout en s'intéressant vivement à nos malheureux compatriotes annexés, n'ont pas eu le temps de pouvoir bien connaître les charges qui leur incombent, pas plus que de pouvoir étudier, même superficiellement, l'organisation militaire prussienne.

Je ne fais donc ici ni une critique, ni une étude sérieuse. — Je donne seulement un exposé succinct et rapide sur l'organisation de l'armée allemande[1].

Le service militaire est obligatoire pour tout Allemand

---

[1]. On sait qu'après trois années de service dans l'armée active, le soldat allemand passe dans la réserve pour y servir durant quatre ans ; cette organisation comprend donc des hommes dont l'instruction militaire est complète. Les réservistes vivent dans leurs foyers et peuvent se marier ; ils sont tenus à deux exercices annuels de quinze jours et sont parfois rappelés pour de grandes manœuvres annuelles; et reprennent ainsi place dans les rangs de l'armée.

à compter du 1ᵉʳ janvier de l'année dans laquelle il accomplit sa vingtième année.

Le jeune soldat sert trois ans sous les drapeaux, quatre ans dans la réserve, cinq années dans la landwehr : soit 12 années de service réel, et de là il passe dans le landsturm où il est classé jusqu'à *quarante ans.*

Les exemptions sont *très restreintes* et les élèves-instituteurs même font l'exercice, six mois durant, dans un régiment avant d'être placés dans la réserve.

L'armée allemande est divisée en corps d'armée et chaque corps d'armée *se recrute dans une circonscription* qui est toujours la même (sauf pour les hommes de la garde et de la marine).

L'Empire allemand comporte 17 districts de corps d'armée ; chaque district de corps d'armée comprend 2 districts de division se composant de 4 districts de brigade d'infanterie qui se divisent en 4 districts de bataillon de landwehr, lesquels se subdivisent en districts de compagnie.

Comme l'armée active, la landwehr est divisée en régiments qui correspondent chacun à un régiment de l'armée active : tous deux portent le même numéro.

Un régiment de la landwehr se compose de 3 bataillons et *chaque bataillon comporte un certain nombre de districts où l'on recrute l'armée active.*

Lors de la commission d'examen (chez nous commission du recrutement), les hommes sont classés en 4 catégories :

La *première* comporte ceux qui sont exemptés temporairement, comme *provisoirement* impropres au service.

La *seconde* renferme ceux qui, après trois années d'examen consécutives, sont reconnus impropres au service et qu'on place dans la réserve pour ne les appeler qu'en cas de guerre.

La *troisième* est composée des exemptés temporairement qui, comme les précédents, font, durant trois années, partie de la réserve.

La *quatrième* comprend ceux qui sont reconnus propres au service.

C'est dans cette quatrième catégorie que les officiers recruteurs de la garde choisissent ceux qui leur semblent aptes à pouvoir entrer dans ce corps.

Quand un district de recrutement ne peut former le contingent voulu, les autres districts fournissent la différence.

Les hommes qui ont quitté le territoire allemand sans avoir satisfait au service militaire, perdent leur nationalité; mais si, pour une cause quelconque, ils rentrent en Allemagne, ils redeviennent *immédiatement* recrutables, en temps de paix, avant l'accomplissement de leur trente-et-unième année et, en temps de guerre, avant l'accomplissement de leur quarantième.

L'Allemagne a des volontaires d'un an ; mais ces jeunes gens doivent appartenir à la classe *aisée* de la société et avoir une fortune suffisante pour s'entretenir à leurs frais, eux et leurs chevaux, quand ils sont dans la cavalerie.

Pour obtenir cette faveur, cesdits jeunes gens doivent (en outre) justifier surtout de certaines connaissances spéciales.

Les volontaires d'un an ne sont pas reçus dans les corps mobilisés; mais les dépôts peuvent en recevoir un nombre indéterminé.

En général, il n'y en a pas plus de 4 ou 5 par compagnie, escadron ou batterie.

Ils reçoivent au corps une instruction toute spéciale qui leur permet ensuite de se préparer aux fonctions de sous-officier ou d'officier, selon leur origine.

La force de la classe va tous les ans en augmentant, par suite de l'accroissement de la population. Par contre, le *nombre des inscrits non trouvés ou émigrés s'élève dans une proportion de beaucoup supérieure* à celle de l'augmentation de la force de la classe due à la considération ci-dessus.

Le nombre des *engagés volontaires*, pour 3 ou 4 années, est toujours fort peu élevé; quant à celui des engagés volontaires d'un an, il augmente dans des proportions de plus en plus considérables chaque année: indice que les classes élevées de la société tendent de plus en plus à se soustraire aux obligations du service ordinaire.

Le recrutement des sous-officiers s'opère par les élèves des écoles de sous-officiers, se composant de volontaires de 16 à 19 ans. La préparation à l'école dure trois années, de là ils sont envoyés dans les régiments.

Il y a deux classes de sous-officiers:

1° Le sous-officier portant l'épée (adjudants, pelotons hors rang et fonctions spéciales);

2° Le sous-officier ne la portant pas (le commun des martyrs).

Bref, ceux qui ont tout le travail, toute la peine et qui ne vont pas au delà de ce grade, forment la seconde classe.

Le recrutement, dans l'armée, des sous-officiers ne pouvant plus s'opérer par la perspective seule d'emplois civils à remplir après 12 ans de service, dont 9 du grade, il fallut, en 1873, pour assurer leur recrutement, une loi qui éleva le chiffre de leur solde et de leur retraite.

L'autorisation de se marier leur a été accordée à la condition que la famille de la mariée (ou elle-même) justifiât de ressources suffisantes pour l'entretien du ménage et qu'elle renonçât à tout secours éventuel du Gouvernement.

Les officiers de l'armée prussienne se recrutent toujours exclusivement dans la noblesse; il n'y a eu d'exceptions que lors de la guerre 1870-1871 où il fallut, *sur le terrain*, courir au plus pressé. Néanmoins, l'on ne cite, d'après les annuaires, que 30 officiers *non nobles* qui ont pu arriver en 1870-1871 au grade d'officier supérieur. Avant 1870 il n'existait dans toute l'armée que 3 officiers supérieurs nommés généraux, et *seulement* dans l'infanterie [1].

---

[1]. En 1877, le chiffre des simples officiers *bourgeois* était presque égal à celui des officiers nobles ; mais pour les officiers supérieurs, la proportion est toute différente, et sur 1,630 officiers supérieurs, 560 seulement appartenaient à la bourgeoisie ; les 50 officiers généraux étaient *tous* nobles ; sur les 70 lieutenants-généraux, on en remarquait seulement *un seul* de la bourgeoisie, et sur 150 généraux de brigade, l'on comptait seulement 20 roturiers.

Tous les commandants des corps d'armée, ainsi que les généraux divisionnaires, appartiennent, sans aucune exception, à l'aristocratie.

La cavalerie de la garde et le premier régiment du même corps n'ont pas eu, même pendant la guerre, *un seul officier roturier*.

Le corps d'officiers n'est pas absolument fermé aux simples soldats et aux roturiers ; mais les difficultés dont on entoure leur avancement est tel que les quelques exemples de soldats qui ont pu parvenir aux grades supérieurs dénotent chez eux tant de brillantes qualités militaires que l'on peut dire que ces quelques exceptions prouvent seulement la règle générale.

Pour arriver, en Prusse, à l'épaulette, il faut avoir satisfait à des conditions déterminées d'instruction générale : conditions constatées par des épreuves subies devant une *commission spéciale*, laquelle détermine *seule* l'aptitude scientifique du candidat.

Avant la guerre de 1870-1871, les écoles de *cadets*[1] fournissaient environ le tiers des officiers de l'armée prussienne.

Les élèves qui ont subi avec succès, dans les *écoles de*

---

1. Les écoles de cadets sont au nombre de 7 ; elles ont été fondées, de 1717 à 1868, selon les besoins de l'armée ; elles sont organisées pour recevoir 1,000 places de différentes catégories et possèdent environ 80 professeurs et 70 répétiteurs.

Elles sont établies à Berlin, Culm, Potsdam, Wahlstatt, Bensberg, Plön et Oranienstein.

Les élèves de ces écoles portent l'uniforme et sont organisés en bataillons et en compagnies.

Dans toutes ces écoles, l'étude du français est absolument obligatoire, et comme chacune d'elles est divisée en 4 classes durant chacune une année, il en résulte que la langue française est absolument familière à tous ces jeunes gens lors de leur sortie de cesdites écoles.

cadets, l'examen de sortie, vont faire le complément de leur instruction dans une *école de guerre*.

Il existe en Prusse sept écoles de guerre. Ces écoles sont établies à Potsdam, Erfurt, Neisse, Engers, Cassel, Hanovre et Metz.

Il faut, pour y être admis, avoir servi de dix mois à un an. *Tous* ces élèves sont exercés aux manœuvres des différentes armes (cavalerie, infanterie, génie, artillerie) et tous apprennent le tir du canon.

Les candidats pour le génie et l'artillerie suivent, en outre de cela, des cours dans une école spéciale, comptant durant ces deux ans (en réalité 21 mois) comme officiers hors cadres.

Ces cours théoriques et pratiques n'ont lieu qu'à Berlin.

Il existe en outre une école supérieure, dite *Académie de guerre:* véritable université militaire placée sous la direction d'un officier général présidant la commission des études.

Les cours militaires y sont faits par des officiers supérieurs d'état-major et les cours non militaires y sont confiés à des professeurs de l'Université de Berlin. La durée des études y est de trois ans : l'on n'y reçoit en général que des lieutenants en premier et en second.

L'avancement des officiers a lieu à l'ancienneté et au choix ; mais pour l'ancienneté, l'avancement ne va que jusqu'au grade de major.

Lors de la quatrième année de grade, les officiers les plus capables sont signalés, envoyés ensuite dans une autre arme et y servent un an. C'est parmi eux que l'on recrute les officiers d'état-major, les professeurs à une école militaire ou les attachés au service topographique.

La situation sociale des officiers supérieurs en Prusse est des plus élevées; ils la doivent à leur origine, à leur éducation et à leurs études.

En garnison, les conférences d'officiers sont très fréquentes et c'est toujours ou le général commandant de corps d'armée ou le ministre de la guerre qui donne les questions à résoudre et reçoit les mémoires.

Les duels sont *fort* rares et sévèrement punis, car des tribunaux d'honneur sont institués pour statuer sur les difficultés pouvant s'élever entre officiers et même pour celles pouvant avoir lieu entre les officiers et les civils.

Les retraites ont lieu à 40 ans; alors, si les infirmités n'existent pas, les officiers peuvent être admis, selon le cas, dans la réserve ou dans la landwehr.

Une caisse de retraite fonctionne depuis de longues années au profit des veuves et orphelins d'officiers (principe de la tontine alimentée par les retenues sur la solde et les subventions de l'État).

Aucun officier ne peut se marier sans une autorisation; il doit justifier que sa femme apporte de quoi soutenir son rang, et en se mariant, il doit verser à la *caisse des veuves et orphelins,* une somme qui varie entre 100 et 1,000 thalers (selon le grade dans la hiérarchie). Le thaler ou rixdale vaut 3 fr. 75 c.

La Prusse, comprenant le rôle considérable des chemins de fer dans les mouvements militaires en campagne, avait commencé (en 1866) à établir des compagnies spéciales pour la destruction, la construction ou la réparation des voies ainsi que pour leur exploitation. C'est ainsi que chaque régiment détachait à tour de rôle deux sous-officiers par bataillon, devant être employés aux manœuvres de jour et de nuit de la voie ferrée.

Après 1870-1871 le grand état-major créa, à Berlin, une division spéciale chargée de faire, à tous les points de vue, une étude approfondie de tous les chemins de fer de l'Europe.

La Prusse a formé à Spandau[1] un régiment composé exclusivement d'engagés volontaires pour l'exploitation théorique et pratique des voies ferrées. Ce régiment est commandé par des officiers du génie.

Chaque corps d'armée possède un service télégraphique de campagne : ce sont les pionniers, les soldats et les chevaux du train des équipages que l'on emploie à ce service, qui est placé sous la direction d'un inspecteur général assisté de nombreux inspecteurs supérieurs ayant non seulement pour mission d'établir, *instantanément*, une communication entre le quartier général et les divers campements de troupes ou les diverses positions occupées momentanément par les corps d'armée, mais encore d'étudier spécialement *toutes* les inventions nouvelles et

---

1. Spandau, ville forte du Brandenbourg, à 15 kilomètres de Berlin, ayant une population de 28,000 habitants environ. Célèbre citadelle par sa force et où se garde le trésor militaire d'Allemagne. Cette ville renferme une prison d'État, une maison de force, une manufacture d'armes, et son commerce principal se fait surtout en soieries, lainages, toiles et verres de lunettes. Cette ville fut prise par les Suédois en 1631, et par les Français en 1806.

tous les perfectionnements essayés par les diverses puissances.

Chaque brigade télégraphique peut desservir en quelques heures une distance de 350 kilomètres en moyenne. En dehors de ce service télégraphique, dans chaque école militaire et dans chaque ville de garnison, des employés supérieurs des télégraphes font, deux fois par semaine, des cours aux officiers de tout grade, et il en est de même pour les sous-officiers.

En cas de mobilisation, en temps de guerre, *tous* les chevaux portés sur les rôles de réquisitionnement dans chaque circonscription de landwehr sont réunis à l'endroit indiqué, examinés par des officiers assistés de vétérinaires, et *tous ceux* jugés immédiatement aptes au service sont dirigés sur les points de concentration *par les voies les plus rapides* et séance tenante le prix en est intégralement versé aux propriétaires.

Dès que la mobilisation est ordonnée, des secours sont accordés aux familles dont les mobilisés sont l'unique soutien et ces secours sont payés en vertu de certificats délivrés par les autorités locales. L'on estime que la guerre de 1870-1871 a mis 340,000 familles à la charge publique.

En cas de guerre, les armées sont formées par les corps d'armée.

L'armée comprend alors trois éléments :

1° L'armée en campagne.
2° Les troupes de dépôt.
3° Les troupes de garnison.

Un corps d'armée en campagne se compose de :

1° Deux divisions d'infanterie dont chaque division comporte un régiment de cavalerie de 4 escadrons et un détachement d'artillerie de 24 pièces.

2° Un régiment d'artillerie de campagne (6 batteries de campagne et 2 batteries à cheval).

3° Trois compagnies de pionniers.

4° Une section générale qui renferme :

1) Dix colonnes de munitions.

2) Trois colonnes de pontons avec leur train et trois colonnes de provisions.

3) Trois détachements d'ambulance (médicaments, etc.).

4) Un dépôt de chevaux.

5) Une colonne de boulangerie de campagne.

6) Quelques colonnes du train des équipages.

7) Douze ambulances.

8) Les troupes d'administration.

9) Les services d'intendance.

10) Le service des postes en campagne (postes et télégraphes).

11) Les bureaux des magasins[1].

---

1. Les forces connues de l'Allemagne se décomposent ainsi :

1re ligne (Troupes de campement).

Officiers	17,000
Hommes	600,000
Chevaux	234,000

Artillerie : 300 batteries comportant 1,800 pièces de canon.

Les meilleurs effets d'habillement, d'équipement et de campement sont mis en usage dès la mise sur pied de guerre.

2ᵉ ligne (Troupes de dépôt).

Officiers	5,500
Hommes	245,000
Chevaux	30,500

Artillerie : 75 batteries comportant 450 pièces de canon.

3ᵉ ligne. — Service des places militaires (Troupes de campement).

Officiers	10,200
Hommes	360,000
Chevaux	38,000

Artillerie : 55 batteries comportant 330 pièces de canon.

Il faut ajouter à cela :

Les médecins militaires	4,700
Les vétérinaires	850
Les payeurs	1,700
Les armuriers	1,100
Les selliers	800
Les ambulanciers	5,000

Il y a comme matériel de guerre :

    55 trains de ponts légers ;
    20 colonnes de matériaux pour fortifications ;
    15 sections de télégraphie ;
    10,000 voitures.

Le pied de guerre comporte en outre 310 colonnes qui se divisent ainsi :

    95 colonnes d'approvisionnement ;
    20 colonnes de boulangerie de campagne ;
    60 détachements de santé ;
    20 dépôts de jeunes chevaux de remonte ;
    95 colonnes du train des parcs (génie, artillerie et pontonniers) ;
    20 escadrons de réserve du train des parcs et équipages.
    ___
    310

Un régiment de chemins de fer pour la manœuvre et la construction des voies ferrées.

Quand nous nous reportons à l'*année terrible*, nous voyons que lors de la guerre de 1870, la déclaration ayant eu lieu le *14 juillet*, dès le 15 au matin dans tous les corps l'ordre de mobilisation parvenait avec fixation de *onze jours* comme durée.....!!!

Aussi, *vingt jours* plus tard, après la déclaration de guerre de 1870 se livraient les combats de Wissembourg, de Forbach et de Wœrth (Reichshoffen).

Aujourd'hui il faudrait beaucoup moins de temps encore, vu l'organisation précitée.

NOTE

NOTE

Les Germains étaient de farouches guerriers qui furent remplacés par les reîtres, et jadis, comme aujourd'hui, la guerre était, fut et est l'enseignement de l'enfant.

La féodalité n'a pas encore disparu de la terre allemande : l'enfant naît, l'homme vit, le vieillard meurt avec un esprit de discipline, de soumission et de respect qui est le propre de cette race. Son tempérament est d'obéir, c'est un soldat exécutant passivement une consigne ou un ordre ; mais n'ayant, individuellement, aucune initiative. Il faut être et rester machine... ce à quoi il excelle.

Il est brave non par enthousiasme, non par réflexion, mais passivement...; il sait mourir à son poste sans broncher ; mais c'est tout ! d'où sa force et sa faiblesse ; car le jour où une direction supérieure lui fait défaut, il n'y a plus rien.

L'officier supérieur allemand est capable, instruit, savant même ; mais il est *mathématique* et sait ne s'exposer qu'au bon moment ; il est soldat, non seulement au combat, mais dans la vie des camps et des opérations militaires. Officiers et soldats (ils tiennent cela de leur nature) supportent facilement les intempéries des saisons et les fatigues de guerre à la condition, cependant, qu'ils puissent boire, manger et fumer d'une façon complète ET RÉGULIÈRE.

Frédéric-Guillaume Ier est le premier organisateur de leur militarisme et ce fut lui qui divisa le royaume en *districts militaires*, devant, chacun, fournir, réunir, équiper et entretenir *absolument* un régiment, et qui décréta qu'en cas de guerre tous les hommes valides, sauf les nobles, étaient appelés *d'office* sous les drapeaux.

Frédéric II[1] maintenant ces décrets, y ajouta certains perfectionnements au point de vue d'une armée permanente : c'est lui qui fit de ses soldats des automates et des machines.

Les plans et les calculs du grand état-major prussien, que l'on trouvait si exagérés jadis, ont produit en 1870 des résultats absolument mathématiques.

L'Allemagne n'a-t-elle pas, en effet, tout en maintenant des positions importantes, occupé alors une partie de notre territoire...? C'est que son organisation militaire est telle que la Prusse peut, en moins de douze jours, mettre sous les armes deux millions de soldats ayant tous passé sous les drapeaux le temps nécessaire pour être habitués aux manœuvres et être imbus de cette subordination et de cette discipline qui ne peut exister en Europe dans aucune autre armée représentant un chiffre d'hommes aussi formidable.

La loi militaire en vigueur dans toute l'Allemagne a pour but d'avoir sous les drapeaux le plus grand nombre de soldats instruits ; elle vise *tout* le monde et il n'y a d'exception que pour les familles impériales ou royales : personne ne peut s'y soustraire ni s'y substituer et elle atteint même ceux qui ne peuvent faire le métier des armes, mais que l'on porte néanmoins sur les contrôles pour y remplir, en cas de guerre, les emplois que l'on donne chez nous soit au peloton hors rang, soit à la bureaucratie militaire.

Les commissions militaires peuvent accorder des sursis d'un an :

1° Au soutien d'une famille qui, sans la présence de cet appelé, tomberait dans une *misère réelle;*

---

1. Frédéric II (dit le Grand) naquit à Berlin en 1712 et mourut en 1786 ; c'était le troisième fils de Frédéric-Guillaume ; il monta sur le trône en 1740.

En 1756, il commença la *guerre de Sept ans*, et livra, durant cette guerre, seize batailles ou combats.

Chassé, un instant, de la plus grande partie de son royaume, il nous battit conjointement avec les Autrichiens, à Rossbach, en 1757.

Il signa, en 1763, la paix d'Hubertsbourg ; redevenu ainsi maître de la Silésie, il s'occupa ensuite de réorganiser son royaume.

En 1772, il prit part au démembrement de la Pologne et obtint de la sorte la Prusse occidentale.

En 1778, il s'opposa à l'occupation de la Bavière par l'empereur Joseph II, et força ce prince à signer le traité de Teschen en 1779.

Il fut, dans toute sa carrière, le plus intrépide des soldats et le plus habile des politiques.

2° Au fils unique de femme veuve si, dans toute la famille, il n'existe *personne* à même de lui venir, pécuniairement, en aide (chose rare);

3° A l'appelé fabricant ou à la tête d'une usine que rien ne peut dispenser de sa présence;

4° Aux apprentis d'un art auquel une interruption immédiate peut causer un préjudice considérable;

5° Aux étudiants en médecine ;

6° Aux élèves de l'Institut industriel :

7° Aux élèves vétérinaires.

Dans ces cas, et en considération de ces motifs légitimes, l'appelé est renvoyé à l'année suivante et si les conditions sont les mêmes, ledit sursis peut être renouvelé jusqu'à *trois années de suite;* mais il faut ensuite des autorisations des autorités supérieures pour les 4 premiers cas ; quant aux autres dispensés, il leur faut justifier annuellement de certificats d'études.

Sont dispensés du tirage au sort :

1° Ceux qui s'engagent *volontairement*, s'habillent, s'équipent, s'entretiennent à leurs frais et renoncent à leur solde ; la durée de leur service est d'*un* an.

2° Ceux qui s'engageant volontairement, devancent ainsi l'appel afin de pouvoir choisir l'arme où ils désirent servir. La durée de ce service est de *trois* ans.

3° Les élèves des écoles forestières, qui sont incorporés dans un bataillon de chasseurs.

Les jeunes gens qui suivent la carrière ecclésiastique doivent se présenter pendant sept ans consécutifs devant la commission d'examen et produire chaque fois un certificat d'études; à l'âge de 27 ans, les protestants qui n'ont pas été reçus licenciés ou les catholiques qui n'ont pas été reçus sous-diacres, rentrent dans le rang sans aucune autre considération.

Lorsque la mobilisation pour cas de guerre est décrétée, il n'existe plus aucun cas d'exemption et *tout le monde* redevient soldat.

Quant aux jeunes gens qui se soustraient aux conditions de l'enrôlement, étant considérés comme fugitifs, ils sont incorporés les premiers.

C'est à tort que l'on confond le tirage au sort d'Allemagne avec celui de France :

Dans la conscription française, *tous* les jeunes gens tirent au sort. Dans la conscription allemande, les hommes valides seuls tirent au sort et *tous*, du premier au dernier numéro, sont forcément soldats. C'est ainsi que l'on peut toujours compter sur un contingent absolument fixe, et tous les ans l'on prend pour parfaire le chiffre nécessaire le nombre d'hommes voulu dans les restés disponibles des années précédentes.

En cas de mobilisation, *tout* le monde prend donc les armes.

Les régiments, bataillons, escadrons, sections d'artillerie, batteries et compagnies de pontonniers portent, en plus des numéros affectés à tous les corps de l'armée prussienne, une dénomination spéciale à la province d'où sortent ces différents corps de troupe.

Quant à la garde impériale, elle se recrute parmi les plus beaux hommes de toutes les provinces ; ses dépôts se trouvent à Berlin et à Potsdam.

L'organisation de l'armée prussienne est arrivée à une régularité machinale telle que tous ses rouages fonctionnent en temps voulu sans aucune confusion ; aussi peut-elle passer avec la plus grande rapidité du pied de paix au pied de guerre. Tous les corps réunis de la Confédération germanique arrivent des lieux les plus éloignés *à l'heure dite* et avec tout le matériel nécessaire, tous les vivres et toutes les munitions voulues.

Cette si grande rapidité de concentration tient à ce qu'*en temps de paix tous les corps sont munis de toutes les armes, de tous les effets et de tout le matériel nécessaire*.

Quant aux hommes à réunir (en cas de guerre), *ils sont tous* (soldats, sous-officiers et officiers) *dans le district du régiment qu'ils doivent rejoindre;* ainsi les escouades se réunissent dans les hameaux, les compagnies dans les villages, les bataillons dans les chefs-lieux, les régiments dans les villes.

Tous, du soldat isolé au régiment, ont des indications précises sur le lieu où ils doivent se réunir ; tous, depuis les simples caporaux jusqu'aux officiers supérieurs, possèdent des cartes ; en outre, à l'entrée de chaque hameau, de chaque village, sur les places de chaque ville se trouvent les indications voulues pour que l'on puisse rejoindre compagnies, bataillons, régiments et corps d'armée.

Quant aux chemins de fer, ils ne fonctionnent plus que pour l'armée du jour où l'on décrète la mise sur pied de guerre et la concentration sur un point déterminé ; ce qui a lieu dès cet instant par les soins du télégraphe qui devient ainsi l'agent moteur absolu.

Les wagons destinés aux hommes, aux chevaux, à l'artillerie, aux services militaires sont partout désignés par des inscriptions indiquant ce que chacun d'eux doit enlever.

Il n'y a, pour l'armée prussienne, aucune limite d'âge et à moins d'incapacité forcée, personne n'est jamais renvoyé du service contre sa volonté.

Le dépôt de la guerre, en Prusse, possède, dans ses archives, *tous les plans* des villes fortes de France, d'Autriche, de Russie, de Hollande, de Belgique, de Danemark, d'Espagne et d'Italie ; *tous* les pays de l'Europe ont été étudiés avec le plus grand soin, le sont tous les jours, et tous les jours les modifications nouvelles recueillies y sont mentionnées.

Tous les ouvrages des villes fortes (glacis, bastions, avancées, lignes de tir, élévations) sont décrits et notés avec un soin merveilleux.

C'est ainsi qu'en 1870 ils avaient des cartes indiquant les voies ferrées, les grandes routes, les chemins vicinaux, les sentiers, les gués, les rivières, les canaux, les ponts, les écluses, les chaînes de montagnes avec les collines, les mamelons, les plateaux, les forêts, les bois, les sources, les puits, etc.

Ces cartes ont été, dit-on, tirées en 1870 à trois millions huit cent mille exemplaires et distribuées dans l'armée. Divisées en sections comprenant chacune deux départements au plus, elles étaient sur un papier aussi résistant que la toile, et au fur et à mesure que leurs troupes avançaient chez nous, ces cartes étaient distribuées depuis le général jusqu'au simple caporal, ainsi qu'aux éclaireurs uhlans. C'est ainsi que l'on vit des cavaliers d'avant-garde entrer même dans nos villages sans aucune hésitation et aller partout sans avoir besoin d'aucun renseignement des habitants de ces localités où ils se présentèrent.

Rien qu'au sujet du siège de Paris, 180,000 cartes, donnant tous les détails les plus exacts de cette place, de ses forts et de ses environs, furent tirées en quelques heures et distribuées à tous ceux qui devaient commander *au moins et même* quatre hommes dans l'investissement de cette ville.

Toutes les places fortes de l'Europe ont leur dossier parfaitement en règle et en quelques jours l'on peut établir sur chacune d'elles un travail permettant de les réduire dans les meilleures conditions.

Dès 1868, la France tout entière avait été parcourue, visitée, examinée minutieusement par des officiers se cachant sous toutes sortes de déguisements et ces espions militaires levaient des plans, rectifiaient des cartes, étudiaient topographiquement les forteresses, les routes, les rivières, les bois, etc…. D'autre part, ces renseignements étaient complétés par les notes et les renseignements envoyés chaque semaine par ceux qui venaient jusque dans nos hameaux, acceptant parfois les places les plus humbles pour mieux voir, mieux reconnaître et surtout mieux entendre ; ils avaient, ils ont fait et ils font de l'espionnage une vertu civique.

Nul n'ignore que le gouvernement allemand a toujours recours à l'espionnage dans les plus larges proportions et que son budget lui permet, à l'aide des dénominations les plus fantastiques, d'user de fonds secrets dans une proportion énorme et c'est grâce à cela qu'il peut avoir cette nuée d'explorateurs. Nous l'avons appris à nos dépens en 1870-1871, et chose triste à dire, la leçon n'a pas servi.

Ils sont tous revenus reprendre leurs places dans nos usines, dans nos comptoirs, dans nos compagnies financières, dans nos maisons de commerce, dans nos industries ; ils étudient aujourd'hui plus que par le passé et ils sont plus nombreux qu'ils ne l'ont jamais été. Quel aveuglement! quelle légèreté est la nôtre!!!

« *Quousque tandem..!* »

TABLE

	Pages.
Préface.	v
Alsace	1
Strasbourg.	21
Notes sur Strasbourg.	39
Notice générale.	49
Appendice.	55
Note.	71

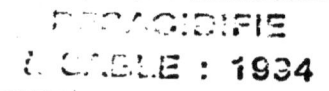

Nancy, imprimerie Berger-Levrault et Cie.

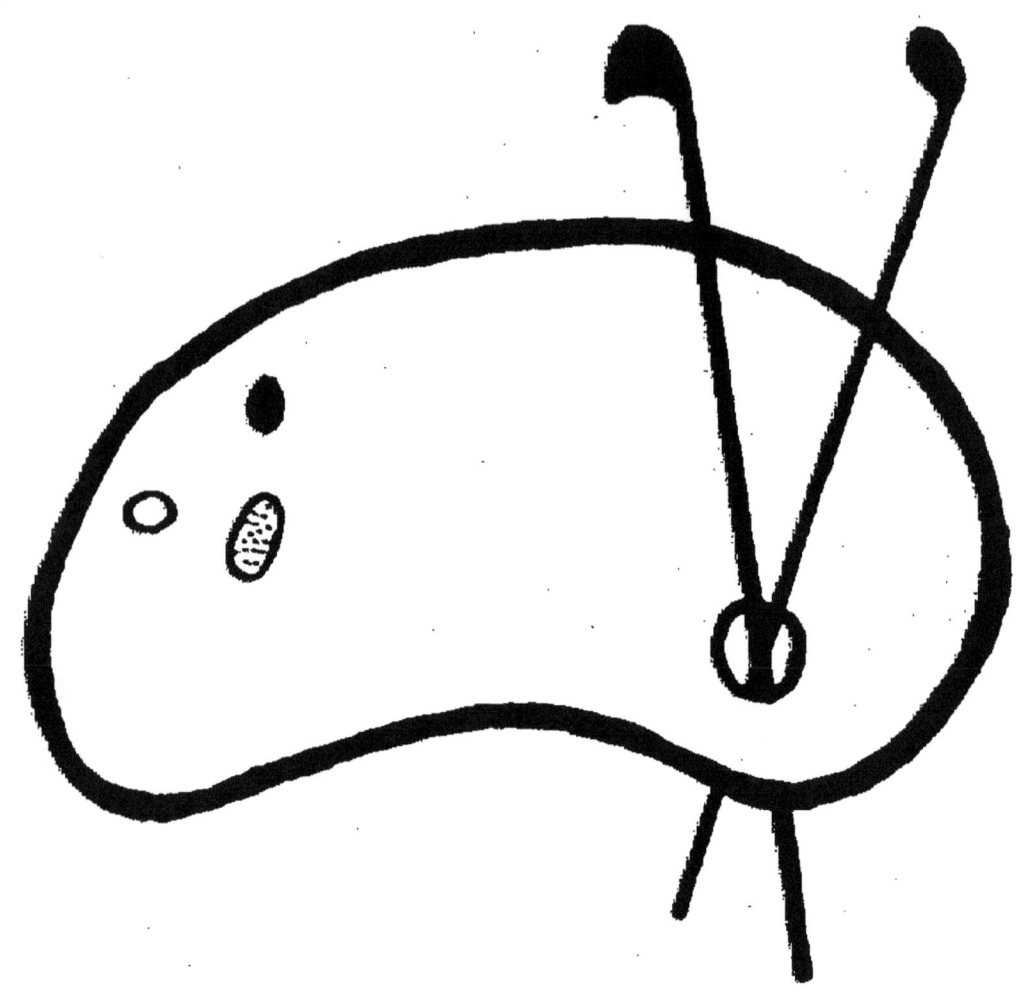

ORIGINAL EN COULEUR
NF Z 43-120-8

www.ingramcontent.com/pod-product-compliance
Lightning Source LLC
LaVergne TN
LVHW050648090426
835512LV00007B/1091